U0153317

好周到

餐宴策畫真簡單

中華民國禮儀推展協會　理事長

陳冠穎　著

即學即用，顧名思義就是「當下學習」。

置身在快速善變的多重文化中，對於知識的渴望，常因複雜的藉口，晃眼即逝。我們需要重新給自己一個動機，得以在輕鬆之餘，品味閱讀，心靈得以甦醒，讓知識信手拈來，即是功夫，成就自己一身好本領。

年輕學子曾經詢問我，如何從知識中獲得力量，擁有幸福的未來？我回答：「多看書」；焦慮又無助的讀者詢問我，要怎樣才能追趕上時代的腳步？我回答：「多看書」；我可愛又年幼的孩子仰頭詢問我，他是否能夠快樂一輩子？我回答：「多看書」。

他們熱切的看著我。是的，前輩們告訴我們看書可以改變人生，知識可以造就命運。但是古老的先賢們無法推算出今天的我們，生活到底有多忙碌，承繼了多少經由知識所造成的焦慮與壓力？

因此，我們用真心推出「即學即用」系列，這是一套適合大眾的普及性知識讀物，我們期待藉由綱舉目張的精采單元，圖文並茂的親切編排，提供易學易懂的知識與技能。讓學習不再是壓力，知識得以隨時補充，不必排定時程刻意栽培，讓學習成為習慣，因為唯有習慣，才能夠讓學習成為源頭活水。

我想，前輩們沒說錯，多看書，就能擁有知識，而知識——即將改變命運。

總編輯

王秀珍

自序

輕鬆成為一位出色的餐宴策畫達人

「一場成功的餐宴就代表一次精采出色的人際外交」，這可不是說說而已的玩笑話。在日漸與國際接軌的今日，用餐早已經不再是自家關起門來的隨興事，而是一件關乎個人涵養、氣質、贏得他人讚賞與成功的基本大事。我們往往可以肯定的說，在餐桌禮儀表現得體應用得當的人，在其他方面必定也能知禮守節、知所進退，令人讚賞。

記得在演講的過程中，常常會聽到學員們焦急地來詢問：「當邀請長輩或是上司用餐時，座位順序要怎麼安排才不會失禮？」或是「西餐的用餐順序、刀叉要怎麼使用才正確？」、「中西餐的菜色搭配要如何安排才得體？」諸如此類平時看似簡單的問題，似乎一到需要安排正式的餐宴時，便常常令人困擾。其實這些餐桌上必須注意的基本禮節，如果稍有差錯，不僅會貽笑大方，更會令前來參加的客人感到窘迫，而自己也會因此給人留下不好的印象。所以，如何舉辦一場使所有與會者都能備感貼心、愉快又不失禮的餐宴便顯得非常重要，真的是不可輕忽大意！

因此，為了徹底解決一般人面對餐宴禮儀時常常發生的驚慌出糗問題，並且期望人人都能夠輕鬆Easy地策畫出一場精采出色的餐宴，本書在編排上特別以

生動活潑的圖文搭配方式，幫助你能更快速輕鬆地記住各種中西餐的基本用餐禮儀，從坐姿、餐具使用、用餐順序……乃至餐桌上的交談禮節、禁忌……等都有清楚詳細的介紹；此外，書裡頭更教你如何能夠打造自己成為一位出色的餐宴策畫達人，從場地預約、規劃、布置到餐具選用、餐桌椅排列、邀請函……等到各式餐宴、酒會、茶會的策畫都有仔細詳實的介紹及說明，讓你從此面對各種餐宴形式都能完全搞定，成為宴會中最令人讚賞的主人。同時，在本書最後我更特別專章介紹身為主人與作為客人本身所該注意的各種禮節，期望讓大家在面對各種不同場合時都能得體大方、從容應對。

　　所以，千萬不要小看餐桌上的小小禮節哦，因為不論是生活上的用餐禮儀或是招待客人、接待外賓的正式餐宴，唯有懂得餐桌上各種禮節的人，才能真正贏得他人的肯定與讚賞，也才能讓自己獲得好人緣，成為群體中最受歡迎的人。

中華民國禮儀推展協會　理事長

陳冠穎 謹識

Content

目錄

餐宴策畫真簡單

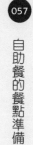

Content

目錄

餐宴策畫
真簡單

Content

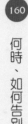

餐宴策畫
真簡單

PART 1

宴客策畫

LESSON1 餐宴準備工作

確定餐宴形式

餐宴可以概分為「商業餐宴」與「社交餐宴」兩種基本類型，前者顧名思義，是以業務往來、推廣為主，邀請對象是與商業合作有關的伙伴；後者則以聯絡情誼為主，對象從家人、朋友、鄰居到同事等，形式可大可小，除了一般的家庭聚餐、朋友聚會、小型晚宴等，也包含為特殊目的舉辦的餐宴，例如：聖誕節、生日派對或是喬遷等慶祝活動。

依目的、對象、場合不同，餐宴的形式當然有很大的差異，因此，在籌備時首要考量這是一個「正式」還是「非正式」的餐宴。

表1-1所列即為一般常見餐宴形式，事實上，除了晚宴有可能較正式外，其他時間舉辦的宴會，都可以採行比較活潑的作法。當確定餐宴形式後，您就可以開始安排宴會的時間、場地，以及菜單擬定等細目了。

籌備餐宴時首要考量這是一個「正式」還是「非正式」的餐宴。

表1-1 不同形式的餐宴

餐宴形式	理想時段	適用場合	餐飲內容
酒會	10：00～11：00 14：00～17：00	春酒、記者招待會、產品發表會	自助餐（飲料與少許中西式點心
早午餐或午宴	11：00～14：00	產品發表會、家族聚會	自助餐或中式合菜
下午茶	14：00～17：00	親友聚會	茶、咖啡、蛋糕、餅乾等西式點心
派對	14：00～17：00 20：00～22：00	生日派對、節慶派對、社交派對	飲料、西式點心，亦可準備大蛋糕
晚宴	19：00～21：00	商業餐宴 社交餐宴	全套西餐、自助餐或中式合菜

註：關於各式餐宴策劃，請詳見LESSON4。

安排宴會日期、時間該注意什麼？

安排宴會時段，不能只考慮自己方便，也應盡量避開客人可能會感到不便的時間。如果賓客人數不多，建議你可於電話邀請時，先徵詢對方有空的時間，再交叉比對找出大家都方便的時間。

一般來說，除非宴會有特定目的（如生日、耶誕派對等），否則例假日、節慶日、紀念日都不是宴客的好日子，因為客人們可能另有活動。此外，有些人對不吉利的日子很敏感，如農曆七月鬼月、十三號星期五等，如果可能，最好還是避開。

控制餐宴預算

　　舉辦一場餐宴，必須考慮場地、餐點、飲料、布置等費用，您最好依照活動目的、形式、預算等要求，來分配費用項目的多寡，不要超支。

　　通常餐飲費用是宴客最大支出，因此，倘若經費不多，應盡量尋找免費場地，並節省布置等費用。但請注意，節省不等於「窮酸」，如果為了省錢而在髒亂的餐廳請客人吃合菜，還不如邀他們來乾淨的家裡吃飯；即使真的不善烹調，各大超市也都有物美價廉的現成熟食、點心外賣，您一點都不用擔心。

　　總而言之，使餐宴達到一定的水準，是主人的責任，而在天平的另一端就是預算控制，唯有兩者達到完美平衡，才稱得上是一場成功的宴會。

表1-2 餐宴預算簡表

費用種類	細　　　　項	預計費用	實際支出
場地費用			
餐點費用			
飲料費用			
布置費用			
其他費用			
合計費用			

打造理想的宴客環境

　　舉辦餐宴時，用餐地點的環境相當重要，如果環境髒亂不舒適，鐵定倒盡客人胃口。理想的宴客環境，應該寬敞整潔、空氣流通、衛生良好、設施完善，當然，環境氣氛優雅、交通方便更好。如果宴客地點非自宅，建議您選擇附近有大眾交通工具（捷運最佳）或有停車場的餐廳設宴。

　　此外，環境的溫度、通風與光線也不宜忽略。請盡量避開空調很差或設在地下室的餐廳，並時時留意空調控制或門窗開闔，以免客人悶得喘不過氣來，或是被強風吹得直打哆嗦；倘若光線會直射在客人的座位上，應貼心地用窗簾遮掩。如果舉辦餐宴的場所選在戶外，最好避開中午日照強烈的時段，且一定要設置足夠的遮陽傘。

　　在布置宴會環境時，最好不要太花俏、太奇特，即使近來主題餐廳大為流行，也不是每個人都樂於坐在馬桶上吃飯，或是身旁有一堆骷顱仍能面不改色。雖然，用優雅的桌布、鮮花、蠟燭布置看來沒創意，卻是最安全的作法；況且您只要在現場添加一些雜貨、收藏品裝飾，即可凸顯個人風格與宴會特色。不過，布置時請切記「少就是多」，與其讓整張桌子乃至整個空間都塞得滿滿的，不如擇定重點加強（例如某一道牆面），讓其他地方「留白」來得有品味。

場地與座位規劃

餐桌椅的布置及安排,與場地的大小、氣氛息息相關,也與客人的人數、身分關係密切。

無論是哪種餐宴形式,餐宴布置高手都會先根據賓客人數、桌數,做粗略的場地規劃。舉例來說,如果是自助餐、招待酒會,座位並不重要,就會先決定餐點、飲料的取用位置,排放好長條桌子,再決定椅子的數量與位置;如果是正式西餐、中餐或下午茶,桌椅的位置都很重要,就要將空間平均分配,務求每位客人都有足夠的用餐空間(通常桌椅之間應預留60公分的距離,才不會使客人的腿感到拘束)。

接下來的重點是,一旦擺放模擬完畢,就要將椅子全部搬空,以利布置進行。這點正是內行人與外行人的差別所在!因為餐宴布置相當繁瑣,餐宴規模越大,工作人員越多,如果不先搬空椅子,作業動線絕對會受到很大影響;即使是簡單的家庭餐宴,先搬空椅子對女主人作業也有很大的便利,更可以避免碰撞等意外發生。

圖1-1　餐宴桌次示意圖
安排桌次應以主桌為重心
越重要、越親近的客人越靠近主桌
反之則越靠近宴客場所出入口

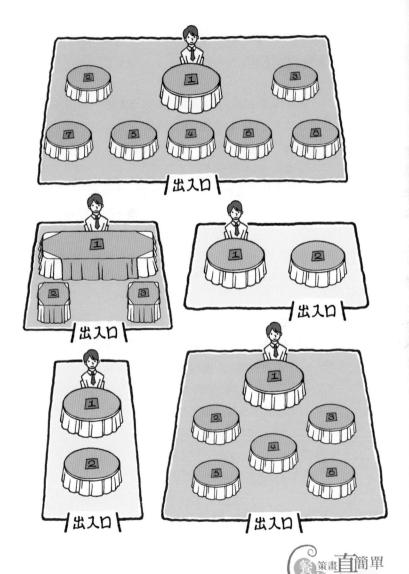

菜單制定原則

依據預算來制定宴客菜單,是非常重要的事(有關中西餐等菜序安排,請參見 LESSON4),但除此之外,以下四大原則也不宜忽略。

原則1:首選拿手好菜

在家宴客,自然得端出拿手好菜招待客人;同樣地,上餐館吃飯,當然也得指明師傅的看家菜。尤其是知名餐館,不吃招牌菜等於白去,如果客人內行,主人花了錢可能還會惹來背後訕笑。現在網路資訊發達,哪家餐廳有哪些好吃的並不難查,花點時間作功課,肯定可以吃得賓主盡歡。

原則2:投客人所好

好主人不會考量自己喜歡吃什麼,而是客人喜歡吃什麼。例如宴請外國人,麻婆豆腐、糖醋排骨、小籠包、擔擔麵等家常料理,往往比牛排西餐受歡迎,因為多數人都喜歡嘗鮮,異國料理或特色美食的吸引力較大。當然,也有人(常見於老年人)吃不慣異國料理,非中式飯菜不吃,這時主人就得斟酌,別太標新立異。

原則3:留意客人的飲食禁忌

現在吃素或不吃牛肉的人很多,有宗教飲食禁忌(例如回教徒不吃豬肉)的人也不少,因此,如果有邀請這類客人,應先禮貌地詢問對方飲食界線,例如排不排斥鍋邊素等問題;如果對方要求嚴格,就必須準備特製餐點。另

外，歐美人通常是不吃動物的頭、內臟與腳爪的，當然更別提寵物（如狗肉）、特殊動物（如田鼠肉、白鼻心或昆蟲類）了，如果不明文化差異貿然端上這類料理，可能會嚇壞他們。

原則4：料理應多元且和諧

一頓美味的餐宴，料理應是多元化的，而且口味是由清而重有層次的。許多人不懂這點，桌上從頭到尾都是海鮮沒什麼蔬菜，這樣的菜單，哪怕料再好，客人也會吃到反胃。此外，口味越重的菜要越晚上桌，否則會使味覺麻痺，吃不出料理的真正美味。

擺在餐桌上的菜單

一份設計精美的菜單，可以讓餐宴顯得更加精緻有品味，也可以顯示主人的誠意。如果可能，最好每位客人都有一份，使其能留作紀念。注意菜單最好能像卡片一樣對折直立，再將其擱在盤中餐巾上或水杯旁，或是叉子的左邊。

菜單的顏色以淡雅為宜，可手寫再影印，也可用電腦打字再列印輸出；但無論如何，均應力求美觀，建議你不妨為菜單加一些花邊，或以乾燥花等小物來裝飾。

如何擬定宴客名單

決定是否邀請時，首要以「親疏遠近」為原則，在寄帖子前最好先打通電話，重新聯絡一下感情兼提早告知，並確認對方目前的收信地址。

　　擬定宴客名單是一門不小的學問，尤其是在需要致送禮金的場合。像國內某女星結婚時狂發六百多封「紅色炸彈」就飽受非議，因為對沒什麼交情的人亂發帖子是很沒禮貌的，更遑論該女星喜帖上還註明客人要「帶厚厚的紅包來」，也許她認為這是幽默的俏皮話，但收到帖子的人心裡肯定不好受。

　　基本上，宴客對象不脫親戚、朋友、長官（或客戶）、同僚（或下屬），在決定是否邀請時，首要以「親疏遠近」為原則，例如：一年以上沒聯絡的朋友，除非真的極為要好，否則對方收到紅帖時可能會感到突兀；至於長

官與同僚，除非是同一部門，或是有密切跨部門合作關係，否則其他的部門發一張即可。

擬定宴客名單的第二個原則是「禮尚往來」，如果對方結婚時邀請過您，幾年後您結婚時當然可以發送紅帖；不過，在寄帖子前最好先打通電話，重新聯絡一下感情兼提早告知，並確認對方目前的收信地址。

一般來說，除非對方單身，否則應連帶邀請賓客的配偶，這點可在邀請函信封註明。當宴客名單全部列出後，請從頭到尾再檢視分析一次，如果人數超過宴會場地容納量或宴會預算，就必須做部分刪除。

沒被邀請者提出抱怨時該怎麼辦？

有時候，我們會因預算不夠或不好意思，走邀請到一些「可能需邀請的人」。此刻，指望這些人沒聽到邀宴之事，實在需要一些運氣，畢竟中國人愛八卦是出了名的。尚若這些人聽到風聲，認為沒邀請他很沒面子，而提出抱怨時，你該怎麼辦呢？

答案很簡單，不是支支吾吾捏著捏造理由，而是爽快地承認自己疏忽，再邀請對方共餐賠罪。如果對方顯得很生氣，你就要儘量放低姿態，強調自己的不是，並力主一定會為對方補辦一場特別的餐宴，來聊表誠意。

邀請卡的準備與發送

　　邀請有「書面邀請」與「口頭邀請」兩種，而後者又分為「當面邀請」與「電話邀請」。

　　比較正式的宴會，大多會做書面邀請。邀請函通常提前二～四週發出，以便客人及早安排時間。邀請函上除了註明宴會日期、時間、地點（包括地址與電話，最好能附上簡單地圖及如何前往的說明）與主辦者外，還應在邀請卡上大略描述此次宴會的目的與形式，若有服裝限定（例如需著正式服裝或是特殊的化妝舞會），也要在邀請卡上註明；否則，讓客人迷路、餓肚子或因穿著不當出糗，就是主人嚴重失職了。

　　相對地，非正式的小型宴會，或是邀請對象是很熟的親友，寄邀請卡反倒予人生疏奇怪之感，這時打電話或見面時邀請就行了；若是宴會的地點大家較不熟悉，需要地圖與前往說明，再補上邀請卡即可。

　　邀請卡的形式和宴會一樣可正式或非正式，正式的商宴、婚宴等大型宴會，邀請卡一定是採用較為昂貴的紙大量印刷。若是受限於預

算，或是宴客人數不多，無法印製邀請卡，也不要隨便用手寫，您可以購買質感佳的硬紙，使用電腦軟體自行製作精美的邀請卡；或是購買坊間現成的漂亮邀請卡，填上日期、時間、地點等資訊。

最後提醒您，無論是書面還是口頭邀請，宴客前幾天最好能再確認，以便人數估算。如果是人數較多的大型宴會，也可以在寄出邀請卡的同時附上回函，請客人填上是否出席、出席人數等資訊回覆。

充電站

邀請卡抬頭該怎麼寫？

1. 一般來說，○○○先生或○○○小姐是最常見的寫法；但若對方是有專業頭銜的人，如經理、主任、博士、醫師等，最好以頭銜為抬頭，將其寫在姓名後面，如○○○博士。

2. 如果邀請對方夫婦同行，信封可寫○○○先生和（與）夫人，或以頭銜取代，如○○○董事長與夫人；如果主人和客人夫婦雙方都熟，或邀請的是同居情侶，則可依姓氏筆畫優先順序，將兩人姓名抬頭分列上下兩行。

3. 對於退休的人，尤其是軍公教人員，若能用以往的頭銜作為抬頭，如○○○老師，通常會使他們非常高興，但因退休者相當需要他人持續肯定。

桌布的選擇與整理

最糟糕、最恐怖的餐宴桌布，就是「塑膠桌布」！無論是辦桌用的垃圾袋材質塑膠桌布，還是家中怕小孩弄髒而鋪上的厚塑膠桌布，看起來都充滿廉價感，絕非宴客的好選擇。事實上，除非是兒童生日派對可選用花色可愛的塑膠桌布，其他餐宴請務必選擇「布製」的桌布：如果手邊實在沒有，寧可不鋪桌布，讓大家在餐桌上直接用餐，或是在桌上鋪餐墊替代，也不要用塑膠製品。

但是，如果「很不幸地」，您的宴客餐桌是廉價塑膠或夾板製品，那麼無論如何都要找一條桌布掩蓋。一條好的桌布，可以讓桌子「麻雀變鳳凰」，哪怕是一張便宜的折疊麻將桌，蓋上一條桌布再擺上餐具，就可以瞬間呈現高級感。因此，倘若沒錢買一張好桌子，花點錢買張好桌布絕對值得！如果真的怕中國菜油膩會弄髒，上面再加一塊強化玻璃就行了：但千萬別為了省錢而用透明塑膠墊，那會讓美麗的桌布瞬間淪為工廠餐廳的廉價品。

由於餐桌上的餐具與食物很多，因此桌布的花色越單純越好，像許多國外大飯店的餐廳，餐桌上就只有一塊白桌布和一塊較小的素色桌布，很少有大花圖樣。如果您熱愛有鮮豔花樣的桌布，就請儘量選擇素色的餐具（尤以白色為佳），如此才能讓您的餐桌不致過度複雜。

最後要提醒您，宴客的桌布不能皺巴巴也不能有折痕，一定要先經過整燙才能用。建議您從寬的部分開始，

倘若寬度長過燙衣板，就先燙一邊再燙另一邊，等到全部整燙後，再以熨斗尖針對蕾絲、刺繡等細部加強整燙。

充電站

桌布不夠長怎麼辦？

　　桌布不可以太小，其長寬應超出餐桌邊緣20公分以上；但如果桌布長度實在不夠也別煩惱，你可以選一塊質地、顏色一致的桌布做重疊交拼，倘若交拼處不夠平整，可以用熨斗燙平，或加上一塊桌旗覆蓋於交拼處，中央放一盆花或水果，製造另一種古典風貌。當然，你也可以大膽施展創意，刻意選擇質地、顏色不一致的桌布做重疊交拼，甚至鋪上長竹簾、大芭蕉葉等營造異國風情。

桌面的擺設技巧

中國人重視吃，餐桌上最重要的是菜和碗筷，很少會想到漂亮的餐具、鮮花、蠟燭或其他桌面擺設；但就西方人的觀點，一張沒有鮮花、蠟燭和漂亮餐具的餐桌，簡直是難以想像的場景。因為，鮮花、蠟燭或其他桌面擺設，是烘托整體氣氛的要角，沒有了它們，就像好食材做出來的料理沒放鹽，平淡無味極了！由此來看，一張完美的餐桌，除了充滿色、香、味的美食外，還應包括以下物品：精美的盤子、酒杯、餐具、餐巾，以及鮮花、蠟燭等裝飾擺設。

不過，我們還是得記住老祖先「過猶不及」的老話，因為鮮花、蠟燭或其他擺設，都會和餐具一樣佔用桌面空間，如果裝飾得過於繁複，反會讓客人們束手束腳、惶惶不安，不知從何下手。尤其是愛面子的中國人總認為滿滿一桌子才夠氣派，以致桌上物品擺得密密麻麻，倘若人數不少餐具又多，每個人的酒杯、餐具與鄰座者的未保持適當距離，客人們就得長時間縮手縮腳、深怕碰撞他人地用餐，既緊張又辛苦。

因此，建議您最好先擺放杯、盤、刀叉等必要餐具，再視剩餘桌面大小，選擇擺放桌上的裝飾品。另外還要特別提醒您，無論鮮花、蠟燭還是其他裝飾品都不能過高、體積過大，以免擋住客人的視線、影響交談，或造成取用餐點的障礙。

香檳酒杯

紅葡萄酒杯

白葡萄酒杯

雪利酒杯

水杯

魚叉

正餐叉

沙拉叉

海鮮用叉

湯匙

魚刀

正餐刀

奶油抹刀

圖2-1　美麗的餐桌布置

LESSON2 桌椅布置與安排

充電站

鮮花別太早拿出來

提早將餐桌布置得美美的，當然是件賞心悅目的事，也讓主人輕鬆不少；但是，不耐久放的鮮花，卻禁不起長時間折騰，尤其是家中開空調時，乾燥的空氣會讓鮮花枯萎得特別快，如果一早就把鮮花打點妥當，等到晚餐時客人看到的可能就是垂頭喪氣的花了。

在此建議你，如果是晚宴，請花店傍晚再送來夾插好的花就行了。因為花店一早批花，通常到下午才會整理好上架，所以下午的花會比早上的新鮮。另外，在花店裡的花往往照顧得比較好，晚一點到達餐宴現場，鮮花狀況會較佳。最後再提醒你，收到花後不要立刻上桌，而應先放在家中溫度較低、濕度較高之處（最好是乾淨的浴室），等到客人即將抵達時，再將鮮花取出置於桌上。

座次排列的學問

在餐宴上，座次牽涉到來賓的身分地位與主人的禮遇誠意，因此不可輕忽。通常較為正式或人數較多的餐宴，都會事先安排好桌次和座次，方便來賓入座；至於非正式小型餐宴，大家則可自由入座，不過主人仍要留意一下，預留較好的座位給長輩或地位較高的嘉賓。

到底什麼是「好位子」？什麼是「壞位子」呢？一般來說，「面門的比背門好，背牆的比面牆佳」是基本原則，因為無論從古老的風水學還是近代心理學來看，在這種座位用餐心理都會比較安定，不怕後面有人走來走去而影響食慾；不過，如果宴客地點是在景色優美的觀景餐廳，則以觀賞角度最佳之處為上座。

除此之外，「中座為尊，右高左低」也是常見原則，如西式宴席男女主人一定分坐長桌兩端，其右邊座位則安排給地位最高的客人；中式宴席則是請地位最高的客人坐中間，主人陪同在側，其他客人則依身分先右後左入座。不過，西式宴席往往是男女交替而坐，因此不見得所有地位較高的客人都坐在右側。

座次排列的學問

圖2-2 西式宴席座次排法

圖2-3　中式宴席座次排法

LESSON2 桌椅布置與安排

準備「好」椅子給客人坐

無論在家或在餐廳宴客，可能都會遇到椅子良莠不齊的問題，例如有些是有扶手或有靠背的，有些是沒有的，這時請記住，「讓客人坐最好的椅子」，才是最佳待客之道。如果客人是「體重有點份量的」，請找一張堅固點的椅子，別隨便拿張折疊椅，否則出現坐垮椅子的狀況，主客都會很 。

在布置方面，餐椅無須像餐桌那般精緻，通常吊個座位卡或擺張椅墊就不錯了；但如果你的椅子有點舊或樣式俗，不妨加個椅罩（也可以在椅子上罩一塊布再打個蝴蝶結），這樣做可以大幅提昇椅子的質感。

座位卡的製作與擺放

在較為正式、參與人數較多的餐宴（至少兩桌以上），於座位處放置標明賓客姓名的卡片（以下簡稱「座位卡」），常常是有必要的。座位卡的製作很簡單，只要在折疊卡片寫上姓名即可，如果可以，最好能把頭銜一併寫上，例如○○○總經理、○○○先生或小姐，這樣比較禮貌；有些更為講究者，還會先將餐宴的菜單及酒單印在卡片上，方便客人過目。製作完成的座位卡，就擺在桌面餐盤前方，倘若桌面太過擁擠，也可以置於餐盤中央，或是用緞帶繫在椅背上，方便客人自行找尋座位。

對號入座的最大好處，是保障餐宴的和諧氣氛，因此座位卡的擺放學問比製作重要得多。您能想像兩個針鋒相對或打冷戰的死對頭坐在一起的情況有多糟嗎？聰明的主人，是絕對不會安排他們坐同一桌的。理想的座位安排，不僅要考慮賓客彼此之間的人際關係，最好也能留意客人們的性格與興趣，例如安排沉默寡言者與健談者坐在一起，對帶動良好的用餐氣氛絕對有很大幫助；而將兩個原本互不相識但有共同興趣（如看電影、賞鳥、旅遊等）的人湊在一起（主人在帶位時要向客人提及這點，介紹彼此認識），也能製造相談甚歡的效果。

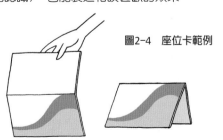

圖2-4　座位卡範例

LESSON2 桌椅布置與安排

充電站

男女要分開坐嗎？

單身前來的男女賓客一定要分開坐，否則女客一桌、男客人一桌，雙方都少了認識異性的機會。有些想做紅娘的主人，還會刻意安排相稱的男女坐在一起，製造彼此交談的機會，也許一頓飯吃下來，一對情侶就誕生了呢！

至於陪伴同來的情侶或夫妻，中國人的習慣都是安排坐在相鄰位置，西方人則是看賓客的身分（或年齡）而定，通常是男女主人在餐桌兩端相對而坐，女主人的右邊是宴席上級別最高的男賓，男主人的右邊是級別最高的女客，排下來則是按級別男女交替而坐（參見圖2-2），因此夫妻和情侶往往不會坐在一起，尤其越是身分高貴的夫妻，座位的距離越遠。

東西方的座位安排各有其文化特性，也各有其優缺點。中國人性格較為害羞，不善與陌生人攀談，自己人坐在一起會覺得比較安心，但也可能因此失去一些社交機會。相對地，西方人性格較為開朗、對兩性相處也很自在，即使與陌生男女相鄰而坐，也往往能一見如故、談話熱絡；不過，並非所有人都如此，如果主人安排座位不當，只顧級別而將性格不對盤的人湊在一起，也有可能會是災難一場。

總而言之，男賓與女賓交錯而坐仍是最理想的搭配，至於夫妻或情侶要分開還是坐在一起，可能要看餐宴的屬性與客人的意願。例如帶小孩前來的夫妻，當然要安排坐在一起，否則其中一個（往往是媽媽）鐵定會手忙腳亂。

餐巾的選用

　　雖然，現在各大家居賣場都有販售花色極為精美的紙餐巾，看起來也蠻體面的；但如果是較為正式的餐宴，布製餐巾仍是唯一選擇，因為依照西方傳統禮儀，宴席上使用的餐巾一定要是布織品，甚至其尺寸也是固定在長寬各50公分。

　　完美的餐巾，色彩與花色應與桌布、餐墊協調。隨著近來個人餐墊日益普及，賣場也開始販售同系列的餐巾與餐墊，建議您一次購買6套以上，以備宴客之用。選購時，應考慮家中宴客餐具的顏色，挑選能凸顯餐具的餐墊，且儘量以素色為宜，花樣越簡單、越不明顯越好；至於材質，也應考慮餐具搭配，如質樸的陶器可搭配棉製品，精緻的骨瓷餐具則應搭配緹花布才能凸顯奢華感。

圖2-5　餐巾的簡單折法（長方形折法）

LESSON2　桌椅布置與安排

圖2-5　餐巾的簡單折法（三角形折法）

圖2-6　餐巾環的使用

　　由於桌面擁擠很難再挪出放餐巾的地方，因此最常見的作法，是把餐巾折好放在大盤上（參見圖2-5），來營造華麗感。至於時間太趕或不想折餐巾的人，也可以使用聰明小工具──餐巾環（參見圖2-6）。

一個漂亮的餐巾環，有畫龍點睛的驚人視覺效果，能讓平凡的餐巾和餐具瞬間變得亮眼起來。因此，如果沒有太多錢購買精美的餐具或餐巾、餐墊，只能選購便宜製品，不妨花點小錢投資在餐巾環上，選擇木頭或金屬材質（銀、銅較佳）、雕工精緻的製品；或是自行DIY，將鐵絲、串珠多繞幾圈，做成亮麗又有民族風味的餐巾環。

餐巾的整理

　　餐巾在使用前一定要燙平，才能折疊出漂亮形狀，而且最好能上一層漿，以保持其在折疊後能挺立不變形、不散開。

LESSON3 認識與擺放餐具

檢查所有餐具的狀況

建議您在餐宴前一週,先仔細檢查餐具等用品的狀況。例如氧化發黑的銀器,一定要用拭銀劑(或牙膏)刷洗乾淨;長久存放的餐巾,也一定要重新洗過、燙平,否則讓客人使用發黑的刀叉、充滿霉味的餐巾,是既沒禮貌又丟臉的事。

此外,餐宴開始前,也一定要準備好足夠的盤子、酒杯和刀叉等餐具。許多人都沒有事先檢查的習慣,等到要用時才發現數量不夠,或是臨時發現盤子、酒杯有缺角,卻沒有多餘備品,這時就糗大了!

尤其是西方人很重視餐具的配套性與整體性,很多人家都有完整一套的祖傳宴客餐具,如果是宴請外國人的重要餐宴,餐桌上的餐具卻是五花八門,會讓他們覺得主人不重視這場餐宴。因此,倘若事先檢查發現餐具狀況不佳無法補救,或是餐具的數量不夠,請務必想辦法向朋友或鄰居商借整套餐具,千萬不要使用外型或質地不一的臨時替代品(例如拿啤酒杯取代白蘭地杯、拿塑膠盤子取代磁盤)。而且,即使是親密的家人、朋友,也不要拿免洗塑膠(或紙)碗盤、杯子待客,那真的會顯得主人很沒誠意。

在餐宴前一週,仔細檢查餐具等用品的狀況,刷洗乾淨。

餐瓷的選擇與搭配

通常一整套的西式餐瓷，包括10吋大盤、8吋中盤，有凹槽的沙拉盤或湯盤（市面上另有湯碗、湯杯與湯碟的組合），以及6吋茶杯碟和點心碟，至少五件以上。大盤也常被稱為「位置盤」，是所有西餐具及杯子圍繞的核心，它從一開始就擺在餐桌上，上面擺放折好的餐巾或裝飾盤，等到用餐時再清空，作為沙拉盤或湯盤的「底墊」；之後，即可用來盛裝肉類、配菜或義大利麵等主食（亦可用其他盤子盛裝，再置於大盤上）；當主食食用完畢，大盤和西餐具即可撤除，以擺放端上來的茶杯碟和點心碟。

由於整個用餐過程是有連續性的，因此餐瓷花色最好是同款的；倘若受限於預算或客人人數過多，必須搭配其他款餐瓷使用，請特別注意彼此的協調性。您可依主要餐瓷的重點圖案或色彩，選擇其他同色系的餐具（如暖色系配暖色系、冷色系配冷色系），儘量不要使用對比色，以免餐桌看起來太花。另外，即使不成套，所有餐瓷的材質也最好一致，別做出精緻骨瓷餐盤配樸實陶碗這種奇怪的組合。

如果您不知如何挑選餐瓷花色，記住選白色的準沒錯！許多料理家都認為，白色餐瓷最能凸顯食物的本色，而且最容易搭配，無論放在任何花樣、顏色的桌布和餐墊上都適宜。若您覺得純白盤子太單調，可選擇邊緣加上銀框或金線製品；若非要選擇

LESSON3 認識與擺放餐具

有色彩的，也應以單色為宜，或選用以白色為底、單色彩繪的古典圖案餐盤。

充電站

中式餐瓷如何選說？

如果在家宴客多是中餐，注意大盤、中盤都不能太淺，最好有一點深度，才能避免湯汁四溢。至於沙拉盤或湯盤，則可用來盛放湯汁多的勾芡料理，一物兩用。近來，許多西式餐瓷業者也推出同款花色的中式餐具，如碗、湯匙、茶杯等，如果財力許可，不妨一次購足；如果做不到，可選購白色的中式餐磁，來搭配有花色的西式餐瓷，達到最佳經濟效益。

當然，你也可以在西式餐瓷外，另備一整套的中式餐瓷。傳統中式餐瓷圖案喜慶熱鬧，無論是鑲金邊的牡丹花樣或是端莊高雅的青花瓷，都很受外國人士的喜愛，用來宴請外賓最適宜；如果你嫌傳統花色俗氣，不妨考慮採用具日式風味的產品，這類餐磁顏色單一、圖案或線條都簡潔清爽，配任何食物都耐用又好看。

一般來說，中式餐具的材質要並沒西式的高，若混用多種材質，如瓷碟配陶杯、陶碟配木碗等，反倒可以呈現豐富的層次感；不過，注意混搭的種類不要太多，花色也不要太雜，色調亦應和諧，否則會使餐桌顯得混亂。

認識各種酒杯

對中國人來說，西方人的酒杯可謂多到令人眼花撩亂的地步。雖然古代中國酒杯種類不少，「葡萄美酒夜光杯」的講究也多有所聞，但演變至今的乾杯文化，已形成不是小杯就是大杯的簡單作風，用小杯喝紹興、用大杯拼高梁酒的大有人在，就連現在許多喜宴，也常見一堆人拿著喝果汁的水杯裝白蘭地、威士忌。

這種現象，當然讓外國人看得目瞪口呆，因為在西方飲食文化中，酒杯的選用是非常重要的。例如酷愛啤酒的德國人，光是啤酒杯的種類就多到嚇人，他們堅持不同種類的啤酒非得用不同形狀的啤酒杯不可，否則會無法嚐到該種啤酒的真正香氣與美味。同理來看，西方人使用的各種酒杯如紅酒杯、白酒杯、香檳杯、白蘭地酒杯，或是威士忌酒杯、雞尾酒杯等，都有其目的性，如果用錯了杯子，不但糟蹋美酒，更會成為社交圈的笑話。

由此來看，認識杯子實屬餐宴禮儀中重要的基本常識。當然，我們不必像德國人一樣瞭解那麼多種類的啤酒杯，但一般常用的酒杯卻不可不識。請參見圖3-1，記住每種杯子的形狀和使用目的，如此一來，您就會知道如何正確地準備、使用酒杯了。

圖3-1 常見杯子的種類

- 水杯：通常是直筒杯身，也可以用來當作啤酒杯，或是盛放果汁等飲料。

- 雞尾酒杯：為杯肚呈圓錐形的高腳杯，也可以拿來盛放雪利酒，是很好的餐前酒杯。

- 紅酒杯：是有著橢圓形杯肚的高腳杯，適合手握杯肚以保持良好酒溫。

- 白酒杯：外型和紅酒杯有些相像，但杯肚和杯柱都較長，適合手握杯柱以免破壞酒味。

- 香檳杯：造型優美又多樣，但以細長杯身最常見，因為如此才能欣賞香檳冒出來的氣泡。

- 白蘭地酒杯：是口小肚大的高腳杯，以聚集白蘭地的酒香。

- 甜酒杯：杯身比較小，和中國白酒的酒杯很相似。

- 啤酒杯：種類相當多，但最常見的有兩種，一種是帶把、體大、杯壁厚實的啤酒杯；另一種是口大身窄的正餐用啤酒杯，這種杯子也可以拿來當水杯使用。

- 威士忌酒杯：直徑很大的平底杯，通常杯口和杯底直徑大小差不多。

白蘭地
酒杯

啤酒杯

甜酒杯

威士忌
酒杯

充電站

酒杯與水杯的擺放

　　一般來說，無論宴席大小，在餐盤右上方位置酒杯與水杯都是必要的。尤其是主菜的佐餐酒杯，一定居於顯著位置，正對餐刀的刀尖，並與甜點專用餐叉的高度齊平，其他杯子則依其位置而定。舉例來說，主菜牛排的佐餐酒是紅酒，則在位置餐具時應先放好紅酒杯，再按照標準餐桌禮儀，於酒杯的右下方45度角處放水杯。若是較大型的餐宴，除了紅酒外還有白酒和香檳，則白酒杯和香檳杯也是呈45度角置於紅酒杯兩側（參見圖3-6）。

西餐具的種類與用途

　　西餐具包括餐刀、餐叉和餐匙，通常為同款花色、同樣材質的金屬製品，從前餐具幾乎都使用銀器，如今為求方便，不銹鋼製品大行其道，市面上也有許多6人份的餐具組合（包括餐刀、餐叉和大小餐匙），是相當經濟實惠的選擇。以下，就為大家介紹各種西餐具的種類與用途：

餐刀

　　餐刀一般分為兩種：一是專門用來切肉用的「牛排刀」，其鋸齒比較明顯；二是鋸齒較不明顯（有些甚至沒有鋸齒）的「正餐刀」，其主要是用來配合餐叉，切割一些較軟的食材。這兩種餐刀可同時上桌，也可以視食材切割需要任選其一。

餐叉

　　最常見的有三種：沙拉叉、正餐叉與甜點叉，其中以正餐叉最大、甜點叉最小。甜點叉有三齒的也有兩齒的，可作為水果叉，也可作為切割水果、蛋糕之用。由於甜點多與茶、咖啡一起上，所以材質不必要求與前兩種叉子一致，反倒是與茶匙、咖啡匙同種類較理想。

餐匙

　　常見的也有三種：正餐匙、湯匙與小茶匙。正餐匙顧名思義，是吃主食（如義大利麵）時輔助餐叉之用，所以杓頭呈橢圓形；至於用來喝湯的湯匙，則以圓形為主。不過，近來許多西餐廳都只供應一個「二合一」餐匙，尤以

湯匙為多，額外放正餐匙的反倒少見。

　　小茶匙是用來攪拌茶或咖啡的，另外它也可以拿來吃甜點（除了不能吃水果外）。有時候，我們會先在大盤右邊最內側（最靠近盤子），放置一支小茶匙；或是在大盤上方放好小茶匙和甜點叉（參見圖3-4），這樣等到送甜點飲料時，就不需再附西餐具了。

　　除了餐刀、餐叉和餐匙之外，某些特殊食物還需要其他特殊餐具，如奶油抹刀、專用魚刀、蟹刀，以及食用蝸牛、生蠔的專用叉等，想瞭解這些餐具如何運用，請參見LESSON6的介紹。

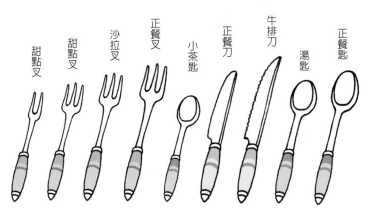

圖3-2　常見西餐具的種類

中式宴席的餐具布置

中式宴席均採合菜制，所有料理全都擺在桌上，不像西餐那樣一道道上菜，因此，布置時必須注意取用的方便性。一般來說，除非您的桌子很小，否則中央設置旋轉盤是有必要的，如此客人才能輕鬆取用各種菜餚與調味料。不過，旋轉盤也不宜過大，必須讓桌面保有放置個人餐具的空間，否則一個旋轉就可能讓某人的杯碗碰倒。

在個人餐具方面，筷子、湯匙、小湯碗與6吋小盤是不可少的，有時還需準備較大的飯碗（也可以充當湯碗使用）、醬油碟。杯子的種類則因飲料而異，小酒杯、水杯（也可裝啤酒、果汁或冷茶）和茶杯最為常見。基本上，中式餐具的擺放沒有西式那麼嚴格，只要使用方便即可，如湯匙放在小湯碗裡、筷子放在小盤右側，小湯碗與小盤也可重疊以節省空間。

由於桌面空間較小，中式宴席很少使用餐墊；但若人數不多，以餐墊來整合所有餐具亦未嘗不可。此外，準備筷架與湯匙座這樣的小配角（市面上也有很多二合一產品），也有畫龍點睛之效，更重要的是它們可以防止筷子和湯匙弄髒桌面，保持整潔。

圖3-3　飯店中餐廳的個人餐具布置

以餐墊整合所有餐具，湯匙放在小湯碗中，勺把向左，與醬油碟平行（湯碗在左，醬油碟在右）擺放於小盤上方，間距1公分。筷架置於小盤的右側，與桌邊距離20公分；將筷子擺在筷架上，筷子與桌邊的距離最好保持在1公分。水杯、酒杯或茶杯，平行置於湯碗與醬油碟的上方，間距1公分，注意水杯在左、酒杯在右，如果還有更小的酒杯，則要放在最右側。

西式宴席的餐具布置

小型西式宴席的餐具布置

小型西式餐宴通常只有三道料理—開胃菜（最主要是湯）、主菜與甜點，所以桌上只要放一個大盤（可盛放主菜兼做湯盤墊底之用），盤上放折好的餐巾，再於兩側放置餐刀、餐匙與餐叉各一把，盤子上方擺好甜點叉、小茶匙，右前方再擺上酒杯、水杯各一即可（杯子擺法請參見圖3-4說明）。

圖3-4 小型西式宴席的餐具布置
注意餐刀的刀刃一定要朝向內側，餐叉的背面則要貼於桌面，千萬別放反了哦！甜點叉、小茶匙可以不放，待稍後上甜點飲料時再一併附上。

如果您的主菜是義大利麵，那就更簡單了，連餐刀都不必放。不過，由於大多數人習慣右手執叉，因此，原本放在大盤左側的餐叉要移到右側，餐匙則改移至左側（參見圖3-5）。

圖 3-5　食用義大利麵的餐具布置

充電站

餐桌太小擺不下那麼多餐具怎麼辦？

　　如果餐桌實在太小，不足以擺放全套餐具時，不妨將相對的餐具隨同料理一同端上來。例如湯匙可以隨同湯碗置於小碟再送上桌，點心叉、小茶匙亦同，這樣就可以節省不少空間了。

西式宴席的餐具布置

大型西餐宴席的餐具布置

　　大型西式餐宴的料理數通常在五道以上，而且除大盤外還有麵包盤，所需西餐具也比較多。舉例來說，麵包盤上都會擺放奶油抹刀；如果主菜除紅肉類還有海鮮類，則需多準備魚用餐叉、餐刀（參見圖3-6）。不過，若是需使用特殊工具的料理如焗蝸牛，則工具都是隨料理一併附上。

　　在餐盤方面，麵包盤除了置於大盤左側外，亦可置於大盤左前方45度。如果沙拉是與主菜同時送上（法式料理常見作法），則沙拉盤、麵包盤與大盤應呈三角形的三點位置（參見圖3-7）。

杯子該怎麼擺？

　　主菜的佐餐酒杯，一定居於顯著位置，正對餐刀的刀尖，並與甜點專用餐叉的高度齊平，其他杯子則依其位置而定。舉例來說，主菜牛排的佐餐酒是紅酒（有關西餐酒菜的搭配請參見表4-3），則在位置餐具時應先放好紅酒杯，再按照標準餐桌禮儀，於酒杯的右下方45度角處放水杯。如果是較大型的餐宴，除了紅酒外還有白酒和香檳，則白酒杯和香檳杯可置於紅酒杯和水杯的下方（參見圖3-6）。

圖3-6　大型西餐宴席的餐具布置（一）

奶油抹刀　前菜餐叉　魚用餐叉　肉用餐叉　　　肉用餐刀　魚用餐刀　湯匙　前菜餐刀

圖3-7　大型西餐宴席的餐具布置（二）

041

西餐的種類與上菜順序

　　前面說過，餐宴有正式與非正式之分。在非正式的小型西式餐宴中，僅需三道菜的簡餐就夠了：相對地，在正式場合舉行的大型西式餐宴，其菜序就較為複雜，一般套餐菜色多在五道左右，全套大餐更可能多達八道以上。以下就為大家介紹，西式簡餐、套餐和全套大餐的上菜順序：

西式簡餐

　　這種最簡單的西餐，常見於咖啡館及家庭聚會中，相當適合午宴及非正式晚宴。西式簡餐必備的有開胃菜、主菜與甜點飲料，您也可以用準備方便的沙拉、湯來當開胃菜，以容易料理的義大利麵取代主菜。

西式套餐

　　這是很常見的西餐形式，大多數西餐廳提供的套餐，都包含開胃菜、湯、沙拉、主菜與甜點飲料這五樣。不過，有些餐廳會將沙拉列為開胃菜，提供四道菜的套餐：也有許多餐廳會在送上湯的前後供應麵包，變成有六道菜色的套餐。

西式全套大餐

　　這種七道菜以上的豪華大餐較少見，除非是極為正式的餐宴場合，或是主人很想用花錢的大餐來表達宴客誠意。全套大餐依組合不同種類繁多，其中最常看到的是海鮮類、家禽類與紅肉類主菜供應兩～三種（有時海鮮類會

搭配蔬菜做成前菜），其次是以義大利麵（或焗飯）取代麵包，另外，也有些會在主菜與甜點之間供應乳酪來搭配葡萄酒。

表4-1 西餐上菜順序簡表

西餐種類		上 菜 順 序
西式簡餐	三道菜	開胃菜→主菜→甜點飲料
西式套餐	四道菜	沙拉→湯→主菜→甜點飲料
	五道菜	開胃菜→湯→沙拉→主菜→甜點飲料
	六道菜	開胃菜→麵包→湯→沙拉→主菜→甜點飲料
西式全套大餐	七道菜1	開胃菜→麵包→湯→沙拉→主菜→乳酪→甜點飲料
	七道菜2	開胃菜→湯→沙拉→義大利麵（或焗飯）→海鮮類（或家禽類）主菜（或前菜）→紅肉類主菜→甜點飲料
	七道菜3	開胃菜→麵包→湯→沙拉→海鮮類（或家禽類主菜（或前菜）→紅肉類主菜→甜點飲料
	八道菜	開胃菜→麵包→湯→沙拉→海鮮類前菜→家禽類主菜→紅肉類主菜→甜點飲料
	九道菜	開胃菜→麵包→湯→沙拉→海鮮類前菜→家禽類主菜→紅肉類主菜→乳酪→甜點飲料

註： 在法式料理中，沙拉通常是和主菜同時上桌，或是在主菜之後才上，
　　其目的是藉由蔬菜的清淡口感，來緩和肉類的油膩。

LESSON4　各式餐宴策畫・西式餐宴的策畫

上菜與撤菜的技巧

「最高明的服務，是讓人察覺不到服務的存在！」這句話聽起來很玄，但其實意思很簡單，那就是服務時盡量不要打擾賓客。因此，無論上菜或撤菜，均應從客人之間的空隙進行，例如兩個人正在交談，就應從兩人側邊上菜或撤菜，絕不可任意從中打斷兩人。

不過，如果即將送上來的是湯或酒等液體，主人最好還是稍微提醒大家一下，以免客人可能一個不留意轉身就撞翻了。

基本上，西餐是撤下前一道菜的餐盤後才上另一道新菜，所以若有客人吃得特別慢，主人必須做點暗示，以免耽誤大家的用餐時間。在上甜點飲料之前，桌面通常都會完全撤乾淨，不留任何盤子或刀叉，讓大家可以輕鬆悠閒地享受飯後時光。

認識西餐的菜色

開胃菜、沙拉與前菜

　　有時候，開胃菜不被列為正式的菜序中，因為其主要目的只是用來「打開胃口、刺激食慾」，所以份量也較少。開胃菜有冷盤和熱盤之分，通常任選一種即可；不過，也有些餐廳會另外設一張桌子，供應十道以上不同的冷盤料理，讓客人自行取用。

　　常見的冷盤開胃菜有火腿、燻鮭魚捲、鮮蝦雞尾杯等，當然也有如鵝肝醬（常搭配麵包）、魚子醬（常搭配餅乾）等高級菜色。另外，也有許多人用生菜、番茄、黃瓜、蘆筍等製成蔬菜沙拉，作為冷盤開胃菜；或是以蔬菜搭配肉類，製作成主菜之前的前菜。

　　至於熱盤，最常見的是奶油雞酥盒、焗蝸牛等焗烤類料理，也有些餐廳將之列為前菜。不過，較為正式的前菜，大多採用魚類搭配蔬菜，有點像是份量比較少的主菜。

麵包與湯

　　這兩者常被統稱為「餐前點心」，在西餐中屬於可有可無的角色，有時候，我們也可以用豐盛的湯來取代開胃菜。

　　西餐一般用的是切片麵包，其中以法國麵包居多；但近來在健康風潮引領下，德國黑麥麵包也漸受歡迎。另外，也有許多餐廳基於方便，供應口感鬆軟的小餐包給客人。

　　至於西餐的湯，大致可分為清湯、奶油湯、蔬菜湯和冷湯4

LESSON4　各式餐宴策畫‧西式餐宴的策畫

類：若依食材來看，種類更是五花八門，一般來說，牛尾清湯、奶油玉米湯、酥皮蘑菇湯、麵包蛤蜊湯，以及法式海鮮湯、法式洋蔥湯、義式蔬菜湯、俄式羅宋湯等，都是很受歡迎的湯品。

主菜

　　分為海鮮類、家禽類與紅肉類三種。海鮮類最常見的是魚，其次是龍蝦、大明蝦、螃蟹等甲殼類；家禽類則以雞最多，鴨、鵝居次。紅肉類最多的是牛排，且依不同部位有不同名稱（參見表4-2），選購時宜留意；另外，德國豬腳也是很受歡迎的紅肉類主菜。

甜點飲料

　　西餐甜點不只是蛋糕而已，舉凡蘋果派、提拉米蘇、布丁、冰淇淋、水果等，都是結束餐點的好選擇，您可以選擇一種或多種待客。

　　在飲料方面，許多餐廳提供的咖啡或紅茶都有冷、熱兩種選擇，建議您在正式西餐宴席場合最好只供應熱飲。飲料可以和甜點同時上，也可以在甜點之後上；但無論前後都要注意，餐桌上所有的西餐具、餐盤及杯子（除了香檳酒杯），一定要先撤除。

表4-2 牛排的種類

牛排種類	所屬部位名稱	說明
腓力牛排	去脂腰里肌肉	這是位於牛腰背內側後段的肌肉，一隻牛只有兩條，價格當然很高。由於此部位較少運動到，所以肉質最柔嫩，是品嚐牛排的首選。
沙朗牛排（紐約客）	前腰脊肉	含有些許脂肪，是最適合煎烤的牛排部位，惟不宜過熟。
丁骨牛排	帶骨的前腰脊肉	以帶T字形肋骨而得名，由於在骨頭的一邊是腓力，另一邊是沙朗，可以同時吃到兩個部位的牛肉，所以價格也較貴。
肋眼牛排	肋里肌肉	專指牛隻第6～12根肋骨間的肋里肌肉，一般常稱為「霜降牛肉」。由於上面布滿油花，因此無論煎、烤都口感滑順。
牛小排	帶骨牛小排	是取第6～8節肋骨部位橫切下來的帶骨牛肉，此處油花豐富、肉質柔軟，是最佳碳烤食材。

如何上西餐廳點菜？

對很多國人來說，上西餐廳點菜往往會有不知從何著手之感，其實，只要能掌握「開胃菜＋主菜＋甜點」三大重點，各自挑選喜歡的料理即可；尚若受限於預算或胃口不大，也可以省略甜點部分。一般來說，除非是下午茶，否則正式餐宴很少見單點甜點或開胃菜的。

當然，你也可以選擇店家推薦的套餐，這類餐點價錢較實惠，可以品嚐的菜色較多樣，份量也不會太少（通常單點的份量會比較多）。不過，會點菜的老饕都知道，並非每家餐廳的套餐均為「完美組合」；如果你對店家準備的套餐不滿意，不妨先問待者餐廳的招牌菜是什麼，再以此為基準搭配其他料理。一份好的套餐，應該是由不同種類的食物，以各種方式烹調，並搭配多樣化的風味和醬料。

如果你打算在西餐廳辦一場10人以上的餐宴，建議你最好事先點餐，讓餐廳廚房預先做好準備，如此就能避免等候過久，餐飲品質也會比較好。你可以排選一個非用餐時段，先到餐廳與大廚、老闆談談，也許可以變化出一些原本菜單上沒有的菜（好廚師是非常樂意接受挑戰的），讓客人的味蕾充滿驚喜。

充電站

西餐酒菜的搭配

餐前酒

　　餐前酒的功用與開胃菜很像，都是為了促進食慾，所以雞尾酒最受歡迎，如金巴利蘇打、琴湯尼、馬丁尼、基爾等都是常見的餐前酒；另外，口味特別的雪利酒和苦艾酒也很適合。如果有人不敢喝酒，可用礦泉水代替，如沛綠雅氣泡礦泉水就是很好的選擇。

佐餐酒

　　佐餐酒是陪襯料理的綠葉，不能喧賓奪主，因此要配合料理種類來選擇。通常大家都知道，紅酒配紅肉（牛肉、羊肉、鴨肉、鮪魚等味道較重的食物），白酒配白肉（雞肉、海鮮、豬肉或風味較淡的料理），有些講究的餐廳或主人，甚至會因應端上桌的料理而變換好幾種佐餐酒來搭配（參見表4-3）；如果覺得這樣做太麻煩，也可以選擇玫瑰紅酒（即粉紅葡萄酒）或香檳，因為這兩者均可搭配任何餐點。

餐後酒

　　用餐完畢後喝一些餐後酒，有清除油膩、幫助消化之效。一般來說，白蘭地、威士忌、波特酒、甜葡萄酒或甜酒（或稱利口酒），都是常見的餐後酒。此外，某些有特殊風味的酒如咖啡酒、奶酒、柑橘酒或蜂蜜酒等，也是不錯的新鮮選擇。

表4-3　西餐酒菜的搭配建議

料理種類	建議搭配的酒類
開胃菜 或 沙拉	清爽的料理搭配清淡的白酒很適合，如果喜歡紅酒，宜選果味濃厚一點的，如鵝肝等精緻的開胃菜更可搭配甜酒。
前菜	香檳除了可以搭配許多中華料理，也是富有口感的海鮮與肉類前菜的好搭檔。
義大利麵 和 米飯	應依醬料和烹調方式來決定，如味道濃重的肉醬、蕃茄醬或奶油醬，可以搭配紅酒（但最好不要太濃郁）；海鮮義大利麵和米飯，則可搭配爽口的白酒或清淡有果味的紅酒。
海鮮類	大家都知道海鮮要配白酒，但要注意別把好酒糟蹋在腥味重的魚身上。某些魚類如鱈魚、鮭魚和鮪魚，可以和清淡有果味的紅酒如薄酒來搭配。另外，香檳和豪華海鮮大餐也是
肉類	紅酒是肉類的最佳拍檔，口味越重越好，如著名的法國波爾多與勃根地紅酒就是上選。
甜點	甜酒、冰酒、香檳都可以搭配口味濃厚的精緻甜點。

提供客人「適溫」的葡萄酒

溫度對葡萄酒的口味影響很大，但一般人很少考慮到這點，許多餐廳也常供應「室溫」的酒給客人。事實上，飲用如此高溫的酒，根本無法品嚐到酒的真正美味，因此，準備一個放半滿冰塊的冰桶，置入酒瓶冷卻到適當溫度，是很重要的；若想以冰箱降溫，注意別過早將酒冷藏，否則酒的風味會無法發揮。

一般來說，優良的紅酒降溫到16～18℃即可；雪利酒、薄酒萊及優良的白酒，可降到10～13℃；香檳可以再冷些，約8～12℃最好；甜酒與平價酒（紅酒、白酒和香檳），則需低溫到6～8℃，才會變得比較好喝。

要注意的是，一定要耐心地等酒降溫，絕不能在酒中加冰塊來飲用，因為這樣做會破壞葡萄酒的香氣，讓酒香無法順利散發出來。

中餐的上菜程序與點菜要訣

中餐最大的特色就是採「合菜制」，即每道料理全擺在桌上供所有人享用。最常見的中式餐宴首推喜宴，菜色大多為十道（取十全十美之意），首先上桌的一定是冷盤（涼拌拼盤），接下來是熱炒類，隨後是主菜（以海鮮居多），再上點心和湯（通常鹹湯會配鹹點心，如果是甜點心，最好再多加一道甜湯或飲料），最後是水果盤。

至於一般的中式餐宴，菜色當然可以不必這麼多，但我們還是可以循著「涼拌菜→熱炒→主菜或主食→湯→水果盤」的順序來上菜。如果是上餐館請客，最好先請客人點菜，主人再針對不足的菜色點選。不過，通常客人多會推辭，這時主人再提出建議，告訴客人哪些是招牌菜；倘若預算很緊，主人也可以推薦價錢較低的，如此一來客人就知道該選擇哪種價位的菜。

如果是請好幾位客人用餐，大家七嘴八舌地點菜可能會使場面混亂，這時主人預先點菜反而是個好主意（在訂位時即告知所需菜色）。此外，選擇店家設計的「合菜」組合（通常是六、八或十菜一湯）也不錯，雖然這類組合不見得樣樣美味，但種類多價錢低，又能避免點菜浪費的時間與混亂，整體來看仍屬划算。

中餐酒菜的搭配

相對於西餐，中餐酒菜的搭配較無限制，愛喝什麼就喝什麼，黃酒如紹興，白酒如茅台、高粱、清酒……，完全任君選擇；不過，在正式餐宴上，最好別端上小米酒、啤酒這類適合隨性喝的酒，以免客人覺得不被尊重。

近年，洋酒也經常出現於中式宴席，一般來說，以威士忌、白蘭地這類烈酒搭配中菜無妨，只要不過量飲用即可；比較容易有問題的是葡萄酒，尤其是廣受大眾喜愛的偏甜紅酒，其強烈的味道往往會壓過料理本身，而「喧賓奪主」的結果，就是喝了酒後感覺不到料理的美味。

而且，由於中餐宴席是所有料理都端上桌，很難適用「紅酒配紅肉，白酒配白肉」的西餐原則，因此，若想用葡萄酒搭配中華料理，最好是口味清淡的白酒（畢竟中餐宴席菜色以海鮮居多），尤其是有氣泡的香檳，既開胃又可搭配多種味道菜色，堪稱是餐宴上最安全討喜的選擇。

最後提醒您，如果席間還同時提供中酒，則宜接在白酒之後；倘若您還是偏愛口味稍甜的紅酒，那麼料理就要選擇重口味的（如麻辣、紅糟）。

自助餐宴的基本認識

　　自助餐是目前相當流行的一種非正式餐宴，因為它的優點太多了。首先，它無須預備正餐，主人只需準備簡單的餐點及飲料即可，即使在家舉辦人數較多的宴會，也可以直接叫外送，既省事又省錢；其次，它可以免排座次，如此一來省掉繁複禮儀，二來可容納更多客人；第三，客人們可以自由選擇喜愛的食物、飲料，然後或立或坐用餐，不受拘束；第四，也是最重要的一點，自助餐會能夠營造一種輕鬆氣氛，主客均可自由與他人聊天交際。

　　要舉辦一場成功的自助餐宴，除了主人招待的熱忱外，還需掌握三大要點：時間、地點與餐點的安排，在此先從時間談起。基本上，備餐時間多依目的而定，如一般商務活動後的自助餐很少在晚間舉行，且時間通常不會超過一個鐘頭；相對地，家庭式自助餐就比較沒有時間限制，早、中、晚都行，吃多久也沒關係。根據慣例，自助餐的用餐時間沒有硬性規定，只要主人宣布用餐開始，大家就可以動手取食，等到吃得差不多了，和主人打聲招呼即可離去，通常主人是不會出面宣布自助餐會結束來趕客人的。但如果真有少數不識趣賴著不走的客人，主人也可以含蓄地用言語暗示，或透過收拾餐盤器皿的動作，來告知客人餐會已結束。

如何安排布置自助餐宴

　　選擇自助餐的用餐地點，不必如同正式宴會那般謹慎，無論是室內還是室外，是飯店餐廳還是自家都無所謂，只要空間能容納所有客人即可。不過，在安排布置自助餐宴現場時，仍需留意以下兩點：

環境與氣候

　　即使是隨性的自助餐宴，也不能忽略環境的安全、衛生與舒適。倘若讓客人覺得呼吸不順、異味撲鼻或過冷過熱，甚至因場地規劃不當而受傷，再棒的餐點都救不了主人的難堪。

　　在露天花園之類的室外舉辦餐宴，更要考量天氣因素，且需準備因應氣候變化的「B計畫」，以免突如其來的狂風大雨打壞眾人興致。一般來說，在戶外舉辦餐宴比較費事，因為從桌椅到餐點都容易被風吹倒，所以桌椅棚架一定要固定好，餐點也應用較大、較重的杯盤器皿盛裝；另外，提供適量的遮陽傘，往往也是必要的。

空間與動線

　　雖然自助餐無須依循「一個蘿蔔一個坑」原則，但仍應為客人提供足夠的活動空間，不可過於狹小、擁擠。為免大家擠成一團，擺放餐點、飲料的區域應分開，且不可太靠近入口、廁所，最好是靠近廚房以便補充餐點；如果有走道，也不可太狹隘，最好保持在90公分以上；此外，還應規劃一塊方便用餐、交談的區

LESSON4 各式餐宴策畫・自助餐宴的策畫

域，擺設足夠的餐桌及座椅，提供客人一個寬敞舒適的社交環境。

不可忽略桌椅的安排

自助餐宴的最大特色，就是用餐者可以自由走動、立而不坐，但這並不表示能省略桌椅安排。因為有不少用餐者尤其是老弱婦孺，很希望用餐時能歇歇腳，所以，依照客人的人數及需求，準備足夠的休息椅非常必要；如果還有小朋友參與宴會，最好能準備兒童座椅。

除了椅子之外，另一個常被忽略的是餐桌布置。很多人都誤為準備一張桌子放食物飲料就夠了，但不是人人都習慣站著吃，為習慣「坐食」的人準備餐桌仍有必要。當然，這張餐桌不必像西餐宴一樣豪華，但基本的桌布還是要有；若能在四周打點一些氣球、鮮花等裝飾，氣氛就更棒了！

自助餐的餐點準備

　　自助餐不像西餐正式，餐點的種類當然可以隨性一點。基於方便，冷盤是必備餐點，因此自助餐也被叫作「冷餐會」。一般常見冷盤有火腿、香腸、牛肉、豬舌、肉凍、蝦、沙拉等，當然，可以搭配飲酒的各式起司也不可少，就連烏魚子、生魚片等下酒菜近來也很受歡迎。

　　為滿足用餐者的不同口味，餐點種類多多益善，所以現在的自助餐除了冷盤與飲料外，往往還會提供熱湯、熱菜、點心（其實大多是主食）、甜點、水果等，一應俱全（參見表4-4），您可視宴會規模及宴客人數準備。此外，發揮一點小創意，提供一些半成品由客人DIY也不賴，例如日式手捲就很受西方人喜愛。

　　至於飲料，口感酸甜的雞尾酒，以及葡萄酒、香檳等幾乎都不可少，啤酒、威士忌也很普遍。當然，不是每個人都愛酒，因此也應該為不喝酒的人準備咖啡、紅茶、牛奶（或奶精）、汽水、可樂、果汁、礦泉水等無酒精飲料。

　　在準備自助餐點時，務必保證供應的量足夠，寧可多不可少，否則餐盤空空如也、讓客人吃不飽，是很沒面子的事。另外，食品衛生以及熱菜、熱飲的保溫也應留意，公筷母匙及加溫器均不可省略。一般來說，為了讓客人多走動，餐點、飲料都是分別擺放兩頭，只不過同一類型的食物、飲料須集中在一起，以便客人挑選取用。

表4-4 最受歡迎的自助餐餐點

餐點	受 歡 迎 的 口 味
湯品	玉米濃湯、羅宋湯、海鮮湯、香菇雞湯、酸辣湯等。
熱菜	燒烤類（如烤牛肉片、烤雞肉塊、燒肉、燒魚等）。 炸物類（如炸雞、炸魚、炸蝦、炸洋蔥圈、薯條等）。
點心	義大利麵、炒飯、麵包、三明治、漢堡包、比薩等。
甜點	蛋糕、曲奇餅、巧克力、布丁、果凍、冰淇淋等。
水果	鳳梨、蘋果、奇異果、西瓜、木瓜、柳橙、櫻桃、葡萄等。

註： 在不同時段或是款待不同客人時，可以特別側重某方面食物，例如下午時段可以甜點為主，晚上宴客可以酒水飲料搭配一些冷盤。除此之外，亦可酌情安排一些具有地域特色或符合時令的餐點，如墨西哥捲餅、草莓點心大餐等，讓客人感受不一樣的驚喜。

酒會的基本配置方式

酒會往往又稱為「雞尾酒會」，因為會場大多會提供雞尾酒。很多人分不清楚自助餐宴和招待酒會有何不同，因為兩者都有飲料和食品任人取用，其實要區分它們很簡單，就是前者以食物為主，後者以飲料為主，因此，酒會可能會供應一些可以搭配飲料的食物，如火腿、乳酪等冷盤，以及餅乾、小蛋糕等點心，但不會有主食、熱菜或湯品。

在規劃招待酒會時，您可以採取以下兩種方式供應飲料和食物：

固定式

如自助餐宴一般，在會場兩側分別陳設食物桌和飲料桌，供客人自行取用。如果您有邀請專業調酒師來調製雞尾酒，不妨在較醒目、較寬敞的地方設置吧台，來帶動熱鬧氣氛。

遊走式

在西方社會，高級酒會裡絕對少不了眾多穿著正式的服務生，他們手持豪華的銀製托盤，上面盛放各種雞尾酒或精緻點心（例如魚子醬餅乾），敏捷地遊走於賓客之間，任君取用。

當然，這兩種方式各有優缺點，固定式省事省力，但需要較寬敞的場地，而且飲料和食物種類不能太少；遊走式適合小空間，即使在家舉辦宴會亦可，但須安排足夠的人力。您可視場地、預算、人力等需求，來決定採用哪一種酒會形式。

酒會的飲料與點心準備

　　酒會不可少的飲料首推雞尾酒，這些由琴酒、蘭姆酒、威士忌、白蘭地、龍舌蘭、伏特加等洋酒，與果汁、蘇打等飲料調製而成的飲品口味絕佳，但後勁十足，因此，不要因為大家喜歡喝就無限量供應，否則讓客人狂吐或發酒瘋就不得了。

　　一般來說，每個人三杯以內還可以，若您打算準備不同的雞尾酒，最好不要超過三種，因為多數人每種都會嘗試，而過多種酒類在人體內起的「加乘效應」是很嚇人的。

　　除了雞尾酒之外，您也要為無法喝酒的人，準備不含酒精的飲料，例如咖啡、茶、果汁、碳酸飲料、礦泉水（以氣泡礦泉水為宜）等。這樣做還有一個好處，那就是可以藉由茶之類的飲料，幫助喝太多的人「醒酒」。

　　當然，招待酒會不能只有酒，搭配飲料的酒會點心也少不了。一般常見的冷盤食物，有火腿、乳酪、雞肉派、咖哩餃、手指三明治等；不過，近來連附有地域特色的壽司捲、綜合滷味等，也出現在酒會現場了。至於甜點，一口蛋糕、小蛋塔、水果塔、法式慕斯、迷你可頌、小泡芙、手工餅乾、水果拼盤、提拉米蘇、南洋小點心等都很受歡迎。目前，許多西點麵包店都提供多種酒會點心外送，有的甚至連雞尾酒都有供應，非常方便，對忙碌的人來說堪稱理想選擇。

下午茶的整體規劃

隨著西風東漸，起源於1840年維多利亞時代的「英式下午茶」，近來大受歡迎。其最迷人之處，就是親朋好友可以在輕鬆浪漫的環境下，一邊品茶、吃點心，一邊悠閒談天說地，共度美好午後時光。因此，下午茶不但成為最受歡迎的聚會形式，也儼然是優雅生活的代名詞。

下午茶形式可大可小，正統的英式下午茶還有所謂「時段差異」：下午二～四點的叫「Low Tea」，內容比較簡單，除了茶之外，只有三明治、英式鬆餅、手工餅乾或蛋糕等茶點；下午四～六點的是「High Tea」，由於英國人中午吃得相當隨便，晚餐又很晚吃，下午這時段非得「好好補給」不可，因此「High Tea」內容豐富，除了前述的茶、茶點外，甚至還會附上搭配麵包的濃湯、香腸配薯條或肉食冷盤等，以填飽肚子。

目前坊間多數咖啡茶館供應的下午茶，都是簡單的一壺茶配一塊蛋糕（或一小碟手工餅乾）；較為講究的英式茶館，則是「Low Tea」規格；只有大飯店自助餐廳的下午茶是「High Tea」，而且為了顧及國人喜好，連燒賣、烤牛肉等中西餐點都有，雖然有些專家認為這不倫不類，但只要大家高興就好。所以囉！雖然正統的英式下午茶相當嚴格，但您還是可以根據客人及預算，選擇適合的茶館；或是準備適量的美味茶點，在自家辦一場優雅的下午茶宴會。

英式茶點的準備

傳統的英式茶點，一定包含以下三大類：

英式鬆餅

這種用麵粉、蛋、奶油及少許糖製成的糕餅，和我們常吃的鬆餅有很大不同，其外型與紮實口感有些類似「比司吉」，需趁熱抹上果醬、奶油食用。英式鬆餅還有一種長得像泡芙的變化版——「司康餅」，這種餅添加了牛奶與果乾、香草、杏仁片等食材，種類很多，但同樣需抹上果醬、奶油趁熱食用。

手指三明治

所謂「手指」三明治，並不是細小到像手指一樣，而是切成三公分左右的小塊三明治，方便用手指拿取，一口吃一個。這類三明治多半使用全麥或棕色的薄片吐司，夾入小黃瓜、起司、火腿等食材，上等者還會採用燻鮭魚、鵝肝醬或薄牛肉做內餡。

甜點

標準的英式甜點，是麵糰加上水果（或水果乾）製成的糕點，如英式水果蛋糕、水果派、水果塔（如草莓塔）等。另外，為了豐富茶點內容，也可以加入蛋糕（如黑森林蛋糕、起司蛋糕）、手工餅乾（如杏仁、松子、榛果等不甜的口味）、千層酥、小泡芙、法式小圓餅、棋盤餅、精緻巧克力等，甚至還可加入水果切片、水果乾來烘托氣氛。

LESSON4 各式餐宴策畫‧下午茶會的策畫

　　值得注意的是，雖然這些茶點可以放在任何點心碟上端給客人；但若想營造豪華優雅的氣氛，最好還是依循英式下午茶的傳統，將茶點分別置於三層點心架上：甜點放在最上層，三明治放在中間層，英式鬆餅放在最下層；如果甜點很多，也可以挑選適當的甜點與三明治放在一起，或是將三明治與英式鬆餅一併放在最下層。另外，還應另備小皿盛裝奶油和果醬，並附上抹刀，搭配英式鬆餅食用。倘若買不到或不想吃英式鬆餅，則可在最下層放三明治，中間放蛋糕，最上面放其他甜點。

英式下午茶的傳統
將茶點分別置於三層點心架上
甜點放在最上層三明治放在中間層
英式鬆餅放在最下層

點心架的材質選擇

在正統英式下午茶中，三層點心架是必備焦點，招待客人也很體面，因此值得花點錢選購。以下就是數種常見的點心架材質：

銀製點心架

這是最講究的點心架，如香港半島酒店採用的就是蒂芬尼製品；即使不考慮採用名牌，銀製點心架仍是許多歐美家庭的第一選擇，因為銀器可以代代相傳，成為家族珍品。不過，銀製點心架易氧化發黑或變形，因此照顧保養需特別費心。

銅製點心架

喜愛古典味但預算不夠的人，不妨考慮銅製品，況且其硬度夠，保養也較容易。由於純銅和銀器一樣會面臨氧化困擾，因此坊間所見大多為鍍金製品；許多名牌瓷器廠還會推出點心盤與點心架二合一的商品，看起來相當高貴。

不鏽鋼製點心架

這是價格實惠又方便保養的選擇，只要搭配精緻的骨瓷點心盤，同樣能營造高貴氛圍；而且，現在市面上還有折疊式產品，收納更省空間。

鐵製點心架

價格便宜、線條簡單的黑色鐵製點心架，最好搭配質感好的白盤與白色茶具，來營造極簡風格；至於花樣較繁複的鍛鐵製點心架，因為形式比較古撲，所以較適合鄉村風味的下午茶，宜搭配陶器、棉質格紋桌布使用。

下午茶的桌面布置

正統的英式下午茶相當講究，舉凡茶桌上所有的擺飾，以及餐具、茶具與點心盤等，都不能馬虎。由於下午茶多是女主人在家招待女性朋友的聚會，因此，精緻細膩且柔美的維多利亞風格最受歡迎。以餐巾、桌布為例，大多採用材質柔軟的白色亞麻布料，繡上各種高雅的圖案與蕾絲邊；桌面上則擺放插著鮮花的花瓶，或是鍍金、純銀枝狀燭臺，來彰顯貴族氣息。

至於茶具與點心盤，材質以質感好的骨瓷最佳，能成套更好；若受限預算無法成套，應挑選材質相近、花色相輔者，避免「花」成一團。西方人常用一面銀製、木製或磁製的大托盤，來盛裝茶壺、熱水壺、保溫器、濾茶杓、奶盅、糖罐（附上鉗子或茶匙）、裝薄檸檬片的小碟子（附上一支小叉子）等所有茶具；再以一個三層點心架，來整合所有茶點，如此桌面看起來就整齊清爽多了。

個人部分，一組茶杯與茶杯碟、一支小茶匙（純銀或鍍金製品最佳）、裝茶點的6～7吋點心盤是必備品；若有準備提拉米酥、果凍或冰淇淋等甜點，還應附上甜點專用匙。至於刀叉等餐具則無一定，因為下午茶很隨性，用手指拿取三明治、甜點食用亦可；不過，如果想吃得優雅些，不妨為每人準備一套甜點刀叉。甜點刀大小和奶油抹刀差不多，但頂端是尖的（不鋒利），以便切開蛋糕、塗

抹果醬：至於甜點叉，注意在正式茶會時，一定要放在右側的餐巾上。

圖4-1　正統英式下午茶的擺設

下午茶要準備哪些茶具？

理想的茶具組合，是茶壺、奶盅、糖罐、茶杯能成套，因此，如果預算許可，購買一整套茶具是招待客人的最佳投資。建議你選購老牌大廠的長青花色骨瓷，一來可保值代代相傳，二來質感佳不易破，即使不小心弄破其中一件，也可以迅速添購補齊，如此長期下來，會比經常更換茶具組合划算。以下，就為大家介紹各式各樣的茶具：

茶壺、熱水壺與保溫器

茶壺是下午茶宴的主角，能否讓茶葉散發香味全得靠它。好的茶壺一定是「圓矮胖」體型，肚量越大，茶葉越能對流舒展；但由於紅茶泡太久會苦澀，因此也別選太大的，應以平日宴客人數為限。至於材質，則以能保溫的瓷器或陶器為宜；不過也有人使用傳熱效果佳又貴氣的純銀壺，與同樣材質的熱水壺配成套。

英國人泡茶和中國人一樣，都會另外準備一個熱水壺，其材質以不銹鋼居多，且常會搭配保溫器（有點蠟燭者亦有插電者）。要注意的是，很多人常拿保溫器直接加熱茶壺，事實上，除非選用花果茶等需熬煮的茶，否則這樣做反會使茶湯過濃過苦（不使用保溫器者，可用棉製保溫套來為茶壺保溫）。

濾茶杓或茶包碟

雖然現在坊間有很多附濾網的茶壺，但由於這種設計會使茶葉受到擠壓、喪失原始風味，因此傳統的濾茶杓仍常被使用。濾茶杓有瓷製、銀製、不銹鋼製，通常兩件一組，使用時只要將上方濾網扣住杯緣，就可以濾除茶壺中

的茶葉倒入杯中。

近年來，價格低廉使用又方便的茶包，取代茶葉大行其道；但無論茶包是置於壺中還是直接放入杯中，另外準備茶包碟都是必要的，因為茶包浸泡太久同樣會讓茶變得難喝。茶包碟均為瓷製或陶製，花色、風格繁多，許多名牌瓷器廠也有推出與茶杯成套的商品。

奶盅、糖罐、蜂蜜罐與小碟

這些搭配的小東西可買可不買，視各人喜好而定，雖然老式下午茶喝的是奶茶，但若平常只喝紅茶，也可以省略裝鮮奶的奶盅。糖罐通常與奶盅成套，並附上夾方糖的小鉗子或舀砂糖的小茶匙。喜歡喝蜂蜜紅茶或摶檬紅茶的人，則不妨額外選購儲奶精罐的小蜂蜜罐，或是裝薄摶檬片的小碟子，不成套也無所謂。

茶杯

品質好的茶杯觸感絕佳，茶杯碟也能扣住杯子不滑動。此外，好的茶杯和茶壺一樣具有「矮胖」特色，杯口上寬下窄，飲茶時才能品味茶香；杯壁要薄，且內壁顏色最好為白色，才能看出茶色之美，即使添加鮮奶，亦能明確看出濃淡方便調整。

小茶匙

在以前，小茶匙和甜點刀、叉一樣均為銀製品，雖然今日不鏽鋼製品大行其道，但若想營造精緻高雅氛圍，最好還是選擇銀製、鍍金或瓷製品，要不然就是茶柄有特殊設計的製品。目前有些知名瓷器大廠或飯店，會將自家漂亮商標印在茶柄上，看起來頗有高級感，值得收藏。

LESSON4　各式餐宴策畫‧下午茶會的策畫

如何泡一手好茶

雖然現今花茶、咖啡或冰飲很受歡迎,但正統的英式下午茶通常只會採用大吉嶺、伯爵茶或錫蘭茶等傳統純味紅茶,最多添加牛奶、蜂蜜或檸檬片變化口味,因此,招待客人的茶葉品質最好不要太差。

一般來說,沖泡好喝的茶有以下幾個技巧:

1. 為了保持紅茶的溫度,一定要先用滾水將茶壺、茶杯溫過。

2. 以量匙盛裝茶葉,通常是一茶匙對一杯茶的份量,如果喜歡清淡一點,亦可酌減至四分之三匙。

3. 最好使用剛沸騰的水（水滾開後再續滾20～30秒,可讓硬水變軟水）,沖入「肚子大大」的茶壺中,再立即蓋上壺蓋,讓茶葉在茶壺肚子裡上下躍動,散發茶香。

4. 浸泡時間因茶葉種類、製作方法而定,從二～七分鐘都有,一般來說,茶葉的葉片越大、顏色越淺或顆粒越粗,浸泡時間就

要越長。如果喝的是奶茶，茶的濃度須較高，浸泡時間也要較長（例如從三分鐘延長到五分鐘）。

5. 喝奶茶只能加新鮮牛奶，不能加奶精。冬季天氣冷時，可以將牛奶加熱，但切忌不可煮滾，以免乳香過濃反倒掩蓋紅茶香氣。

　　基於方便，目前茶包經常被使用，不過其品質普遍沒有罐裝茶葉好，一不小心泡久很容易苦澀，因此不建議宴客使用；倘若實在不得已，最好先用茶壺沖泡好再端出去給客人，且沖泡時間不能超過三分鐘，一兩泡後沒味道就應立即更換新品。

謹慎挑選「紅茶伴侶」——糖

　　由於茶不像咖啡苦味濃厚，因此專家多建議不要放糖，尤其是高品質的紅茶，加糖反而會讓人的味覺遲鈍，無法好好品味茶香。如果真想增加甜味，切記絕不能使用一般砂糖（即紅糖），只能選用蜂蜜、方糖或細砂糖，怕胖的人，則可使用代糖增添甜味。

PART 2

用餐禮儀

從進入餐廳到入座

國人常有「占位子」的壞毛病,即使只有兩個人,上餐廳也要坐四個人的位置,為什麼呢?總要有兩個位子放包包和大衣嘛!這種情形在國內比較不會出問題,但到了國外,可就會遭人白眼了。因為在正式西餐廳裡,外套或大件行李是不能帶到座位上的,更遑論它們還占用其他顧客的座位或妨礙人員通行。

如果不想失禮,進餐廳後最好將脫下來的外套稍微折疊,連同帽子或大件行李,交給服務人員,說聲「麻煩您」,請餐廳櫃臺或衣帽間代為保管。至於較小的手提包或其他 個人物品,則可攜至座位;但切忌放在餐桌上,因為這是最失禮的作法。如果服務人員帶領的座位有多餘椅子,您可以將手提包置於其上;如果沒有,最好置於大腿上面再覆蓋餐巾)或放在腳邊(例如座椅下方)。值得注意的是,很多女性習慣將肩背包掛在椅背上,這種作法不但會妨礙餐廳人員服務,還容易引來小偷或扒手的覬覦,最好(避免;如果非要如此做,皮包應置於腰部與椅子靠背之間,且要留意坐姿(參見圖5-1)。

另一種不好的「占位子」文化是「搶占」,即不經帶位就任意坐在空著的位子上,更可惡的是無視前面排隊的人只顧自己搶位子坐。這種不入流的行為人人鄙夷,很容易被其他客人或餐廳服務人員「請」(或「轟」)出場,要避免丟臉丟到姥姥家,請務必保持耐心,靜候服務人員帶位。

如果不滿意座位怎麼辦？

一般來說，餐廳入口附近或是靠近廚房、廁所等人員往來頻繁的座位，都不是什麼好位子，因此，若你被安排的座位鄰近此處，只要餐廳不是處於客滿狀態，你大可要求帶位者換一個較令人滿意的座位。

不過，如果是比較高級的餐廳，你的穿著又較為「輕便」，這種要求可能就會「踢到鐵板」，遭到委婉拒絕。這時候，不能怪待者「大小眼」，因為視野最好或最隱密的座位，通常都是保留給餐廳的「貴客」或「常客」，所以囉！想前往高級餐廳的人，請務必先打點好自己的儀容再上門。

LESSON5 餐宴基礎禮儀

女士優先

圖5-2 男士如何服務女士就坐

男性應慢慢將椅子拉開到女士方便坐下的位置，當她正要坐下時，再輕輕把椅子往前推，直到她和桌子保持舒適的距離。

女士先站在椅子的左側，當椅子被男士拉開後就進入餐桌和椅子之間，等椅子接觸到小腿肚時即可坐下。

　　當服務人員帶位時，如果同行者有女性，應讓女性先行；當服務人員表示「就是此處」時，其所示意或拉出來

的座位就是「上座」，應讓長輩或女性就坐。國內男性常犯的毛病，就是太「大男人」，不管女性，看到椅子就一屁股落座；相對地，西方人非常尊重女性，無論在餐廳還是會議室，只要有女性，一定是先拉出椅子請女性就坐後，自己才會坐下，這種紳士的作風，值得國內男士朋友學習（參見圖5-2）。

另外要注意的是，在西方比較正式的社交場合中，女性起身暫時離席，以及再度回到座位上時，男士都應該站起來以示禮貌。雖然，許多人覺得現在都什麼時代了，還搞老古板這套實在太囉唆，但除非女士主動婉謝，否則男士最好還是保持尊重為宜。

充電站

由左側進出

無論就坐還是離席、退席，都應從椅子的左側進出，亦即從椅子的左側坐下，也由左側起身離開。

補妝的禮儀

女性朋友用餐完畢，千萬別直接在桌上補妝，因為這種公然補妝的舉動，在西方人眼中是恍恍的作法。最好先向同桌者打聲招呼，再前往洗手間補妝。

LESSON5 餐宴基礎禮儀

用餐的基本守則

不要狼吞虎嚥

雖然大家都曉得細嚼慢嚥的道理，但吃飯急如狼吞虎嚥的人也不少，尤其是在自助餐、喜宴或吃到飽餐廳，好像不這樣吃就不夠本。事實上，這種吃法不但傷身，也傷形象。想做個優雅的紳士淑女，一定要慢慢品嚐、多多交談，而且吃任何食物都不能出聲。

不能吸煙

很多老煙槍都覺得吸煙是個人自由，但二手煙不但會危他人健康，更會破壞食物的美味與咖啡的香氣。無論您是一邊用餐一邊吸煙，還是吃完飯後在座位上滿足地抽根煙，都會讓同桌者難以忍受；而且整桌的人都吸煙，也會給鄰座者帶來困擾。

更可惡的是有些人「為了自己健康」，點了煙卻不抽，僅夾在手上或放在煙灰缸旁；其實這麼做香菸的尼古丁殺傷力更大，是典型的「害人害己」，千萬別做這麼無聊的事，如果想吸煙，請到餐廳外；如果在他人家作客，那無論如何都要忍住煙癮，因為很少有女主人能忍受嗆人煙味揮之不去，尤其是家有小孩的人。

避免中途離席

在用餐中途離席是很失禮的，請儘量避免。如果真的萬不得已（如想上洗手間），應等到料理吃完再去，不能一盤菜吃一半就離開座位。您可以於上菜空檔向同桌者打

聲招呼再離席，別打亂了整個吃飯流程和氣氛；倘若有事需提前離開餐宴現場，至少也應等到主菜吃完再和主人道別。

充電站

打翻東西時該怎麼辦？

在用餐談話或離開座位時，不小心碰倒杯子或刀叉等餐具，是相當常見的情形。此刻，如果忍不住驚呼「哇！糟糕！」，或抱著大爺心態對著服務生大呼小叫「你們馬上給我過來弄乾淨！」反倒會凸顯疏失，想不引人注目都難。如果「不小心闖禍」的是客人，在眾目睽睽之下，當事者會感到更加難堪。

遇到打翻東西時，最重要的是保持鎮靜不慌亂，盡可能不要離開座位（除非流出來的湯水範圍波及到你），繼續用餐。如果打翻東西的是自己，一定要先向同桌者道歉：「非常對不起」，再若無其事地招來服務人員處理；倘若打翻的飲料或湯汁殃及鄰座，也不要慌亂地拿手導餐巾幫別人擦，正確作法是遞上乾淨的面紙、餐巾，或是向服務人員要一條新的餐巾，讓「受害者」自行擦拭，否則被胡亂碰觸的人會有不好的感受。

另外要注意的是，國人常有「怕麻煩」的心態，遇到刀叉或筷子、餐巾掉落時，會自行蹲下去撿，擦一擦再繼續用，這種舉動在西方人眼裡既可笑又不衛生，下次若遇到這種情形，請務必請服務生準備新品更換。

保持端正坐姿

很多大人常會罵小孩「坐沒坐相」,卻不知自己也好不到哪去,尤其是用餐時往往習慣「埋頭苦幹」,簡直和低頭吃飼料的豬沒什麼兩樣。事實上,端正的坐姿、文雅的舉止,是非常重要的餐桌禮儀,特別在正式宴會中,彎腰駝背靠在椅背上、翹著二郎腿抖啊抖、手肘還靠在桌上托著腮,都是貽笑大方的行為。

那麼,要怎麼坐才不會失禮呢?首先,當坐下來時,餐桌與身體之間應保持兩個拳頭的距離,且背脊一定要打直,千萬別彎腰駝背像個沒骨頭的人;其次,翹腿要小心,尤其是穿著裙子的女性,千萬別翹得老高(見圖5-3),更別沒事亂抖腿或跺腳,那可是非常無禮的行為,最好是雙腿自然併攏,以免上半身的動作顯得不自然。

至於手的位置,您可以雙手自然交疊於腹部,也可以把手、手腕或前臂放在桌上(見圖5-3),只要別將手肘靠

圖5-3 端正的坐姿

在桌上就好。當使用刀叉時，注意別讓兩側手肘過高或過低，否則刀叉角度不對會導致無法俐落切開食物。建議您放鬆肩膀與手腕，兩臂貼著身體不要張開，使刀叉與餐盤呈傾斜15度角，然後以餐叉將食物緊緊按住，輕輕地移動餐刀，如此一來，不但能輕易切開食物，姿態也很優雅。此外，請掌握「以食物就口、非以口就食物」原則，即叉起食物送入嘴中，不要彎腰低頭，如果怕湯汁會滴到上衣，可先將食物的水分、醬汁壓乾，讓身體略微前傾（見上圖）。

充電站

用餐空檔時手該擺哪兒？

　　當料理食用完畢，下一道料理還走上之際，有些人會覺得有些手足無措，尤其是在同桌者不太熟識的場合，恐怕連自己的手該怎麼擺都不知道。遇此情形時，最糟的就是把雙手藏在桌下扭來扭去，這會讓人感覺很不大方。建議你不妨將雙手的手腕到手指處露出餐桌（手指應有如稍微握住東西似的優雅彎曲），或是以單手托著葡萄酒杯，維持輕鬆自然的姿態。

LESSON5　餐宴基礎禮儀

正確使用餐巾

　　從前西餐在國內還不普遍時，出現許多使用餐巾的笑話，其中最常見的就是像小孩一樣，把它綁在脖子上當圍兜，甚至還用來擤鼻涕。如今多數人都知道餐巾該放在大腿上，但誤用餐巾的情況仍然不少，除了擤鼻涕外，更常見的是用來擦杯子或刀叉，甚至還有人用來擦餐桌……，種種「另類用途」實在令人匪夷所思！

　　餐巾是拿來擦嘴巴和手指的，用來擦其他地方都是非常不衛生的作法。而且，就算是擦嘴巴，也不可以使勁地隨便擦，而是用餐巾反摺的內側輕輕按壓嘴部。餐巾另一個用途，是想要從口中吐出魚刺、骨頭或籽時，可以用來掩嘴，除此之外，千萬別胡亂使用。

　　對於何時該展開桌上餐巾鋪於腿上，則要看宴客場合而定。如果是正式晚宴或家庭式餐宴，主人拿起餐巾之後客人即可照做；如果是在餐廳用餐，則在點菜完畢後即可自行鋪放餐巾。鋪放時，注意不能全部展開，而是對摺一半，將折線部分朝向腰部或膝蓋（參見圖5-4）。當擦拭嘴巴後，要把髒的部分向內側摺入，儘量保持餐巾正面乾淨，以免有礙觀瞻。如果餐巾實在髒得很厲害，建議您請侍者換一條新的。

　　雖然大家都知道餐巾要擺在腿上，但仍有人用著用著就忘記，最後還是擺到桌上了，這種情形在中途離席時最

082

常見。基本上，除非用餐完畢，否則餐巾是絕不能擺在桌上的；無論是取用自助餐點還是去盥洗室，只要中途離開座位，都要把餐巾稍微摺疊一下（有些服務較正式的高級餐廳，會在客人離座時重新將餐巾摺好，這時就不用自己摺餐巾），擺放於椅墊或椅把上，才是正確的作法。

圖5-4　鋪放餐巾的兩種方式（三角形折法）

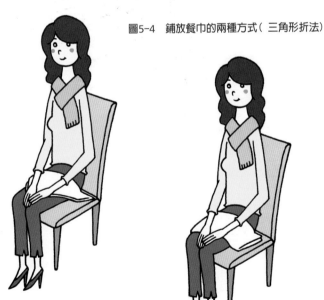

鋪放餐巾的兩種方式
（長方形折法）

LESSON5 餐宴基礎禮儀

圖5-5 用餐完畢時餐巾的處理

　　用餐完畢後，餐巾可以擺放於餐桌上，但也不能扭成一團。您可以將餐巾略微折疊，藏起弄髒的部分，放在餐盤或甜點盤的右邊；倘若此時盤子已被收走，則可把餐巾放在中間。

充電站

留意餐巾的暗示

　　在西方社會，餐巾是用來暗示「用餐開始」與「用餐結束」的重要「道具」。通常當女主人開始展開餐巾時，即宣告「用餐開始」，所以在此之前，請別亂動你的餐巾與餐具。相對地，當主人或女主人將餐巾放在餐桌上時，即表示「用餐結束」，客人們應該離席了，這時即使你沒吃完，也應該放回餐巾與餐具離開座位。

優雅地使用西餐具

很多人吃西餐一看到排排刀叉就傻眼，特別是在正式晚宴時。想想，如果在品嚐開胃菜時，自己就在眾目睽睽下誤用主菜的餐刀，那會有多糗？更糟的是，這樣無知的舉動，會不會成為後來的社交笑談？

其實，西餐具雖然多，卻沒有想像得複雜，您只要以位置盤（大盤）為中心，依料理的順序從外向內取用即可。有時候，桌上可能會因應特殊料理擺上一些其他用具，例如吃蝸牛用的鉗子、吃生蠔用的小叉子等，如果您搞不清楚用途，不妨稍等一下，看看主人或其他客人是如何使用，這樣就不怕失禮了。

優雅的餐具拿法，是高雅用餐的基本禮儀。一般來說，除非是左撇子，不然大多是右手拿刀、左手拿叉（參見圖5-6）。不過，也有人採用美式方法，即切割食物後將刀子放在餐盤頂端邊緣，再把叉子換到右手；此外，吃義大利麵或是舀取豆類等配菜時，也可以像拿湯匙一樣，用右手拿叉子。

圖5-6 刀叉的正確拿法

右手拿餐刀時，食指要放在刀刃與刀柄的交界處；左手拿餐叉時，食指也要按住叉柄的背面。

LESSON5　餐宴基礎禮儀

　　在使用刀叉時，切記一次只取一口份量，如肉類或馬鈴薯要切成一口大小，義大利麵也只能捲起一口份量，否則張開「血盆大口」狂吞，或是一口一口咬著叉子上的東西，都是非常難看的。另外要注意的是，很多人會在邊吃邊聊之際不自覺地揮舞刀叉，尤其是話說到興頭上時，這和有人因醬汁太過美味，而舔食沾在刀子上的醬汁一樣，都是非常可笑又失禮的！

充電站

哪些食物可以用手抓？

　　很多人都以為吃西餐就得從頭到尾正經八百地使用刀叉，其實有些食物是可以用手抓的，例如三明治、漢堡等麵包類，以及雞翅、炸培根、薯條、酸黃瓜、朝鮮薊、小顆水果等，取用時都不必拘禮，只需留意手指力道，別把食物捏來捏去，並時常擦手即可。

　　另外，我們也可以看餐廳有無提供「洗手缽」（或稱「洗指碗」）來做判斷，如果有，就表示該料理「用手拿取

圖5-7　使用洗手缽的方法

也沒關係」（通常是需剝殼的海鮮類）。使用洗手缽時，一次只能放一隻手（除非缽很大），大約浸到手指第二關節即可（參見圖5-7），等到兩隻手都洗完後，再以餐巾擦乾（通常洗手缽會連帶附上新的餐巾，建議以舊餐巾擦手，新餐巾留下繼續使用）。

刀叉的正確擺放法

很多人一到餐宴現場就埋頭猛吃，無論基於什麼理由，這種表現都是很失禮的。即使自己不知道該說什麼，遇到他人說話時，也應該停止用餐，專心聆聽對方談話。

遇到上述中途停止用餐的情況，或是取杯飲用酒水、離席取用自助餐點時，以刀叉表達「用餐中」的訊息很重要。您可以依照盤中剩餘的料理份量，或是餐桌的空間大小，選擇「英國式」或「法國式」的刀叉擺法（參見圖5-8），即刀叉靠放兩邊的擺法。至於「用餐結束」時，則要將用過的餐具平行擺在盤中，通常大多斜放在四、五點鐘位置，只有法國式是放在三點鐘位置（參見圖5-9），因此吃法式料理時請多加留意。

或許有人覺得這樣太麻煩，直接擺在桌上不就得了？如果真的這樣做，那就太失禮了，因為把碰過食物的餐具放回桌上，一定會弄髒桌布，這樣看起來就像吃火鍋把醬汁滴得滿桌都是的人一樣，非常難看。更重要的是，隨意擺放刀叉，服務人員將無法確認您是否還要用餐，結果可能會造成中途離席回座但餐具卻全被收走的窘況。

LESSON5 餐宴基礎禮儀

（英國式）

（法國式）

圖5-8 中途停止用餐時的刀叉擺法

（法國式）

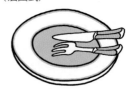

（其他國家）

圖5-9 用餐結束時的刀叉擺法

斟酒、敬酒、飲酒的禮儀

斟酒

一般來說，在西餐廳用餐時，斟酒這項工作往往由侍者代勞，此時您不必從桌上拿起酒杯，只需向侍者言謝即可。相對地，在中式宴席上，比較常見主人為賓客斟酒，或是非主桌賓客為同席者斟酒，這時被斟酒的人，一定要端起酒杯致謝，尤其是主人親自斟酒或長輩斟酒時，可能還必須欠身點頭或起身站立以表謝意。

對斟酒的人來說，也有幾點要注意：首先是注意順序，您可從自己座位開始，依順時針方向一一斟酒，也可以先為長輩或佳賓斟酒；其二是所有賓客均應一視同仁，別只為某幾位貴客熱絡斟酒，以免其他客人心裡不舒服；其三是斟酒宜適量，通常除啤酒可以斟滿外，其他洋酒約1/4杯即可，斟酒也最好別超過八分滿；其四，酒水最好是在飲用前才啟封斟入酒杯，以免時間一久風味走失。

敬酒

敬酒也稱為「祝酒」，是炒熱餐宴現場氣氛不可少的一項儀式，通常我們在敬酒時，都會講一些祝福的話，所以這些話也常被稱為「祝酒詞」。在正式宴會上，主人與主賓往往會對所有賓客敬酒，並鄭重發表一篇專門的祝酒詞，其時間點多落在賓主入席後、用餐開始前，或是吃過主菜後、甜品上之前，以免影響來賓用餐。至於一般的敬酒，主人可在上首道菜前向客人敬酒；而客人們彼此敬酒或回敬主

人，則以一道菜與一道菜之間為宜。

　　無論是正式還是一般的敬酒，祝酒詞都是愈短愈好，千萬不要長篇大論、喋喋不休，讓他人等候過久。尤其國人往往一灌起酒來話說得特別多，結果尋常的敬酒常演變成一群人擠在桌旁乾杯聊天，大大妨礙他人用餐。

　　比較起來，西式宴席對祝酒儀式比較尊重。在說祝酒詞前，都會先輕輕敲幾下自己的酒杯，引起四周在座者的注意，再起身講話；而且，無論是主人感謝客人赴宴，還是客人對主人的邀請表示感謝，彼此的態度都很真誠，言語也多簡潔幽默，值得國人好好學習。

　　當然，除了說祝酒詞的人，聽的人也要注意禮貌。當現場有人敬酒或致詞時，應一律停止用餐或飲酒，離席者也應儘快回到自己的座位上，認真洗耳恭聽。更重要的是，無論台上的人有何作為，哪怕是講話落落長，台下的人也不能竊竊私語。許多國人沒有這種禮貌態度，常在台下自顧自交談，完全不把台上說話的人當一回事，這對外國人來說，是非常、非常無理的行為，如果不改掉這個壞習慣，遲早有一天會難堪地被人「請」出場。

飲酒

　　飲酒有兩個最重要原則，一是不可過量，以免出醜；二是酒後不可開車，以保安全。除此之外，飲洋酒時，各種酒杯的拿法也應注意，詳情（請參見圖5-10）。

圖5-10　各種酒杯的拿法

紅酒杯拿法　　　　　　　白酒杯與香檳杯拿法

白蘭地酒杯拿法　　　　　　雞尾酒杯拿法

別讓酒杯沾有口紅印

　　女性朋友赴宴前最好塗抹不掉色唇膏，以免酒杯或餐具沾染不雅觀的口紅印。如果沒有這類唇膏，可在用餐前先拿餐巾按壓一下口紅以防沾染；倘若酒杯還是沾有口紅，則應在不引人注目之際悄悄以手指拭除，再以餐巾擦拭手指。

餐桌上的交談宜忌

避免大聲喧嘩

這是最基本的餐桌禮儀，尤其是在餐廳吃飯時，請務必控制交談的音量，不要一高興起來就大聲喧嘩。女性朋友更應避免狂笑或笑聲過於尖銳，否則其他人會覺得很恐怖。如果帶小孩用餐，也不能讓小孩發出尖銳的叫聲，因為這會讓其他用餐者難以忍受；倘若您制止不住，就趕快將他抱出餐廳外吧！

不要邊吃東西邊說話

很多人喜歡邊吃東西邊說話，事實上，嘴巴塞滿東西講話不但含糊不清，也非常難看，因此西方父母都嚴禁小孩出現如此失禮的行為。當您想要說話時，請務必把口中的東西吞進肚裡，放下手中餐具後再說話，千萬別拿著筷子或刀叉揮舞嚇人。

配合他人速度用餐

很少人知道，配合其他人的用餐速度，也是非常重要的禮儀。當在場的人都吃得很快，慢慢吃的人就很失禮，因為所有人都在等他吃完好上下一道菜；相對地，如果自己吃得比較快，就應放慢速度儘量慢食，甚至適度中斷用餐、專心聆聽他人說話，切忌一下子就把盤中的菜吃完，再無聊地假裝聽人說話。

別在餐桌上講手機

在餐桌上講手機的人最令人厭惡，而且這種人常常一

說起話來就沒完沒了，讓其他人不知該繼續用餐還是聽他說話。

　　因此，若您在用餐時接到手機來電，應先禮貌地向同席者致歉，然後起身離席，走到隱蔽不妨礙他人的地方講電話。

小心！別在餐桌上這麼說！

　　哪怕自己覺得只是「善意」或「無所謂」，以下話題都會讓大家「食不下嚥」。要避免在餐宴中「顧人怨」，請務必把這些話吞進肚裡別說！

批評外型的話

　　例如「你變胖了啊」、「你看起來老好多」、「你的白頭髮真不少」、「你的頭越來越禿了」……。

自以為是的話

　　例如「這菜太鹹了，你會不會做菜？這樣還敢請客啊！」、「穿得一身黑，你是參加葬禮啊？」、「哇！灰塵這麼厚，你都不打掃啊！」、「你家裝潢怎麼這麼俗，真難看！」

與錢有關的話

　　例如「你薪水多少？」、「這件○○很好看，多少錢買的？」、「你混得不錯哦！現在是有錢人了嘛！」

炫耀的話

　　例如「你們看我這個名牌包，只花了四萬塊呢！」、「我最近到歐洲旅遊，那裡好漂亮，你們都沒去過吧！」、「我老公最近跳槽了，年薪有好幾百萬呢！」

料理有問題時的處理

在餐廳用餐時發現料理有問題，您可以禮貌地向侍者反應，要求更換。

　　參加家庭式餐宴，如果料理的口味不對，客人當然不好意思對主人說什麼；但若在餐廳用餐時發現料理有問題，您可以禮貌地向侍者反應，要求更換。

　　以西餐為例，一般最常見的就是牛排太生或太熟。看到血水直流的牛排，我們當然會退回去請廚房再多烤幾分鐘；但對於熟到硬如輪胎皮的牛排，一般人卻往往自認倒

榷吞下肚。其實，現在消費者意識已抬頭，大家實在無須委屈自己，倘若侍者堅持不換，就請餐廳經理或老闆來。

除此之外，醬汁不對、熱湯冷了、生菜壞了或料理不乾淨，您也可以要求更換一盤新的。不要覺得不好意思，畢竟花錢的是我們，餐廳本來就該有義務提供夠水準的料理。在要求更換料理時，我們不必大聲嚷嚷，但態度要溫和堅定，現在傳媒和網路發達，餐廳業者都很怕「惡名傳天下」，除非是滿不在乎的黑店，否則業者對於顧客不滿的反應都很重視。

LESSON5 餐宴基礎禮儀

有禮對待侍者

　　在國外電影中，我們常會看到侍者「惡整」客人的畫面，例如在飲料中吐口水，或先將牛排弄髒再端給客人。雖然，這多屬誇大其實，多數餐廳絕不可能放任員工這樣惡搞，但也不是不可能，尤其是小型私人餐廳或快餐店，對服務品質一向比較輕忽。因此，對侍者有禮貌相當重要，否則您很可能會得到「嚇死人」的超爛服務。

　　有禮的首要之務，是別擺出「老子花錢就是大爺」的傲慢心態，動不動就對侍者大呼小叫、任意使喚。其次，千萬別以「彈指」（也被稱為「打梆子」，即拇指與中指摩擦發出聲音）來招呼侍者前來服務，儘管很多人都這麼

對待侍者，有禮的首要之務，是別擺出「老子花錢就是大爺」的傲慢心態，動不動就對侍者大呼小叫、任意使喚。

做，卻是一種非常不尊重人的舉動，被冒犯的侍者就算不對餐飲「加料」，鐵定也會擺出一張臭臉。

　　基本上，只要是認真敬業的侍者，一定會隨時留意客人的需要。尤其在國外，小費對侍者來說是很重要的收入，服務越好，客人給的小費也越高。因此，當您需要侍者服務時，可點頭、用眼神向他示意，或是微微地把手抬高，他就會馬上過來。如果餐廳裡人很多，侍者相當忙碌沒注意到您，或是侍者在距離稍遠的地方，您也可以同時輕聲說「抱歉，請過來一下」，或說英文「excuse me」，來吸引其注意，這樣他就會很快過來服務。

充電站

別隨便亂稱呼

　　很多人會用「尊稱」來叫侍者，加「先生」、「小姐」，認為這樣比較禮貌。事實上，如此做不但可笑，甚至還可能會得罪人，因為大陸很多地方都認為「小姐」是特種營業者，叫女服務生「小姐」他們可是會翻臉的。如果依習慣非要加個人稱，不妨用英文的「waiter」（服務生）、「waitress」（女服務生）來招呼。

聰明支付小費

對中國人來說，上餐廳付小費是一件很令人頭大的事。通常國內餐廳結帳時小費都含在帳單內，日本、英國、法國往往也是，我們無須擔心；但在美國、拉丁美洲和其他歐洲國家，小費是另外支付的，而且金額差距很大。一般來說，小費通常佔餐費的10～20%，越是先進國家小費越高，如美國往往高達15%以上；另外，用餐人數越多小費也應給越多，如果是10人以上的餐宴，小費甚至可以付到將近20%。注意千萬別太寒酸，否則小費給得太少，餐廳侍者可能還會拒收呢！

付小費時最好用現金，而且是當地貨幣，或是使用廣泛的美元。您可以將找回來的錢留在帳單盤中，或是另外在桌上留下小費。在有些國家，硬幣是不受歡迎的，因此您最好多準備一些小額紙幣（如美金1元、10元），作為支付小費之用。

在許多高級餐廳，帳單多是以信用卡支付，這時您也可以用信用卡來付小費。其作法是在帳單上寫下小費數額，餐廳會計就會自動透過你的信用卡提取。最後提醒您，在付小費的同時，別忘了微笑地對服務人員口頭致謝哦！

聰明支付小費

付小費時最好用現金，而且是當地貨幣或是使用廣泛的美元，最好多準備一些小額紙幣（如美金1元、10元），作為支付小費之用，也可以用信用卡來付小費。

LESSON6 優雅享用西餐

如何選酒、試酒

雖然大家都知道「紅酒配紅肉、白酒配白肉」的大準則，但葡萄酒的年份、種類、產地多如牛毛，對於非專業的人來說，什麼料理配什麼酒是很難判斷的，此時，不妨徵詢服務人員（較高級的餐廳會有專業侍酒師），告知喜好的口味與預算，請其代為挑選。

當服務人員送上酒後，請先檢視酒標，看看年份、酒場、葡萄品種對不對，如果送錯了酒，可逕行退回；如果正確，就可以進行「試酒」。很多人誤以為試酒就是試口味，不喜歡可以要求更換，其實試酒只是確認葡萄酒的狀態，除非酒本身有問題，例如不乾淨、受熱過甚至壞掉了，否則是不能退的。試酒時，應遵守「一看、二聞、三品嚐」步驟（參見圖6-1）。

圖6-1 試酒的步驟

觀酒色：
抓住杯腳，將葡萄酒杯略往後傾斜，觀察酒色是否清澈，並確認有無混濁或有無軟木塞屑等雜質。

聞酒香：
將酒杯以畫圓方式搖一搖，讓葡萄酒結合空氣後，再舉起酒杯聞一聞酒的香氣。

品酒味：
品嚐一口酒，如果喝起來覺得像醋，那很明顯就是壞掉的酒；如果沒問題，就以點頭或說「可以」、「OK」向侍者表達。

如何品嚐各種開胃菜（前菜）

這是全套西餐中最先上的一道，為了引人食慾，所以它往往也是最「秀色可餐」的一道料理。開胃菜（有時也稱「前菜」）的種類很多，其中以沙拉最普遍，有些較為講究的餐廳，還會另外選用蝸牛、田螺、生蠔、魚子醬等高級食材來製作，或是做成精緻的湯匙料理。

做成一口狀的湯匙料理不需使用任何餐具，拿起來直接品嚐即可，其他前菜則需以刀叉食用，有些甚至還需要特殊工具。以下，就針對西餐廳常見的前菜種類，分述其餐具用法：

沙拉

以沙拉叉食用，注意萵苣等葉菜類不可用餐刀切小片，而是先用沙拉叉的叉齒將其捲起或折疊，再叉刺食用。

酪梨

這種油脂含量很高的水果，通常被去核切半做成前菜。由於其厚硬的果皮仍然保留，因此食用時要以左手拿起酪梨，右手拿湯匙把果肉挖出來。

蝸牛

一手持專用鉗子夾住蝸牛殼，再用另一隻手持兩齒小叉叉住蝸牛肉，邊轉邊拉出來。通常叉子往下傾斜，會比較容易將蝸牛肉拔出來（參見圖6-2）。

圖6-2　蝸牛肉的取法

帶殼生蠔

　　左手拿生蠔，以專用叉摘下貝柱，加點檸檬汁調味後，再叉起蠔肉吃；或是拿起蠔殼湊到嘴邊，把蠔肉送入口中（絕不可彎腰駝背以嘴就殼）。當品嚐完生蠔後，殘留在殼上的汁液可以吸食，但要注意不能發出聲音。

魚子醬

　　由於金屬會影響魚子醬風味，所以都是以專用湯匙（例如貝殼做成的魚子醬刀）舀取食用；如果有附鹹餅乾，則需將魚子醬放在鹹餅乾上一起食用。

LESSON6 優雅享用西餐

如何正確食用麵包

一般來說，除非侍者有叮嚀「請趁熱食用」，否則麵包都是在前菜之後享用。在整套西餐中，麵包所佔的角色看似微乎其微，但還是有人在這種小地方出錯，例如某些初次吃西餐的人，看到奶油抹刀誤以為是切麵包的刀子，而鬧出不少笑話；就算知道是奶油抹刀，也常見人立刻將整個麵包塗上一層厚厚奶油，然後兩手拿著大口狂啃，那模樣真是亂嚇人的！

事實上，麵包的吃法也應遵循禮儀，其標準作法是先用抹刀挖些許奶油，放在個人的奶油碟或麵包盤上，再將麵包撕成適口大小，沾抹奶油後，以單手（最好是左手）拿著吃。

除了奶油外，您也可以將撕成小塊的麵包沾取醬汁（例如前菜烤田螺剩下的醬汁）食用。法國人認為醬汁是料理美味的濃縮，吃到連醬汁都不剩才是對廚師的禮貌。使用叉

圖6-3 吃麵包也要保持優雅儀態

子叉住已撕成小片的麵包，蘸一點醬汁來吃，既不浪費又可使麵包更加美味，兩全其美。

不過，這種作法卻不能套用在湯品上，因為在廚師眼中，湯本身就是一道完整作品，如果顧客將麵包浸泡到湯裡，就表示不喜歡湯的口味，帶有侮辱人的嫌疑。因此，如果覺得麵包太乾，不妨多喝一些飲料潤喉，或是沾抹料理醬汁食用，千萬不要「泡湯」哦！

沒有麵包盤（籃）時怎麼辦？

一般餐廳都會將麵包盛入麵包盤或麵包籃中，再端上桌給客人；但也有一些供應多種麵包的餐廳，會拿一個裝滿五花八門麵包的大籃子到顧客面前，由客人自行挑選，這時，請拿取一或兩個麵包（若從左側端上用左手拿較優雅，右側則用右手），將它們放在桌布上即可。記住麵包不能放在其他料理餐盤中，也不可以拿太多個，免得看來失禮又貪心。

餐宴策畫直簡單
● PART2 用餐禮儀

LESSON6 優雅享用西餐

如何喝湯

喝湯時,最重要的是注意姿勢,因為很多人常會不自覺地讓身體向前彎曲,並將臉靠近餐盤,像狗吃東西一樣難看。另外,不能出聲也很重要,雖然日本人認為吃拉麵要越大聲越好,但放諸國際禮儀,喝湯時發出聲音可是一件失禮的事,尤其法國料理更是全面嚴禁,倘若您在法式餐廳喝湯時不小心出聲,肯定會招來全場注目。

基本上,無論是喝什麼湯,都不可用吸食的方式喝,而是要使用湯匙,一次咬起一口的份量,倒入口中飲用。穩定的湯匙拿法,是將匙柄前端放在手掌上固定,並以大拇指和食指握住再舀湯(參見圖6-4)。通常舀湯方式有兩種:「英國式」是從餐盤靠近自己的這一邊往外舀,再將

圖6-4　湯匙的握法

湯匙的橫側邊就口，傾倒湯汁後吞下；「法國式」是從餐盤的側邊或後方舀湯，然後彎曲手腕，將湯匙的前端送入口中後吞下（參見圖6-5）。

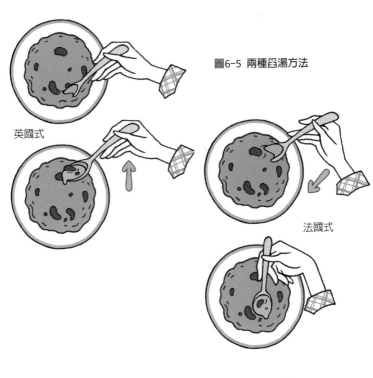

圖6-5 兩種舀湯方法

英國式

法國式

LESSON6 優雅享用西餐

　　如果盛湯的不是湯盤、湯碗，而是兩側附有把手的湯杯，則可以兩手拿起就口飲用；如果把手只有一個，則應以右手持把手，左手放在杯底或湯碟底托著，像喝茶一樣慢慢品嚐。至於很受歡迎的酥皮湯，正確喝法是先以刀子在酥皮表面橫切一條縫隙，或是將湯匙插入酥皮正中央挖一個洞，然後邊將靠近自己一側的酥皮放入杯中，邊和湯一起食用。

充電站

當用湯結束後……

用湯結束後，可將使用過的湯匙橫放回盛湯的餐具中，示意侍者「請撤走」。此時要注意，除非您想表示「這道湯不好喝」，否則湯匙千萬不能倒扣於盤上，以免侍者收走後發出聲響，或是出現湯汁飛濺的狀況。

如何享用各種海鮮

魚

　　享用魚排很簡單，只要用刀叉從左側開始一邊切一邊吃即可，比較麻煩的是一整條魚。通常講究的餐廳，會事先將魚刺清除，以方便客人食用；但若無此服務，您就必須自行摘取魚肉了。

　　摘取魚肉最好使用專門的魚用餐刀，但若餐廳不夠講究，您也只能以手邊的正餐刀或牛排刀來處理了。首先剝去魚皮和鰭，接著用刀子沿著魚背中央劃開，以中間的魚骨為基準，一邊切取適口大小（見圖6-6），一邊食用；等到吃完上側魚肉，再以叉子壓住魚肉左側，以刀子穿過魚刺下方摘取魚肉（見圖6-6）。

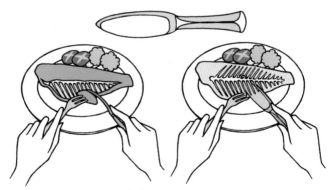

圖6-6 以魚用餐刀摘取魚肉的方法

　　魚用餐刀和其他餐刀的外型有很大不同，其刀柄中間端較細，刀身呈弧形，雖有刀尖但與刀刃一樣鈍，這是因為魚的肉質軟，不需用力切割之故。

餐宴策畫真簡單 ●PART2 用餐禮儀

LESSON6 優雅享用西餐

龍蝦

　　帶殼龍蝦很難用工具俐落地取出蝦肉，因此建議您最好在點菜時請廚房代為取肉，以免手忙腳亂。倘若您忘了叮嚀，送上來的是一整隻龍蝦，請保持鎮靜，先繫上侍者送來的圍兜，以左手握緊餐叉壓住龍蝦，再以右手持餐刀或蝦鉗切入蝦尾根部，從根部逐漸分開蝦殼與蝦肉，最後用專用蝦叉或蝦鉗垂直地把蝦肉拉出來。如果您費了九牛二虎之力還是很難分開，而且餐廳同時有提供洗手缽，那就乾脆放棄刀叉，用手取食吧！

其他硬殼海鮮

　　除了龍蝦外，其他硬殼海鮮如大明蝦與螃蟹等需去殼的食材，也是很難用工具吃得漂亮的，這時候，只有「萬能的手指」才是最佳工具。用左手抓緊蝦頭，右手使勁擰著蝦身，直到蝦殼鬆動，再把頭部的肉從尾部拔出來，之後用叉子抽掉泥腸即可食用。至於蝦頭，一來其膽固醇實在太高，二來大口吸吮不甚雅觀，最好還是放棄食用吧！

　　通常吃蟹時蟹都是整隻被搬上桌的，想要優雅地品嚐，就必須讓蟹刀、蟹叉和手指三方面配合良好。用左手抓住螃蟹腹部甲殼，右手輕輕將蟹尾扭掉，再用蟹刀切開甲殼、去腸，就可以輕鬆使用蟹叉取肉食用了。

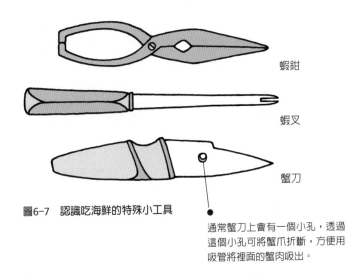

蝦鉗

蝦叉

蟹刀

圖6-7　認識吃海鮮的特殊小工具

通常蟹刀上會有一個小孔，透過
這個小孔可將蟹爪折斷，方便用
吸管將裡面的蟹肉吸出。

不小心吞進魚刺怎麼辦？

　　如果不小心吞進魚刺但仍走入喉，可以用餐巾或手帕
掩嘴部，用舌尖把刺推到嘴邊，再以不引人注意的方式吐
出，擺放於餐盤不顯眼處。

如何享用肉類與家禽

　　牛排是大眾最熟悉、最歡迎的西餐主菜，但卻也有很多人不知如何正確品嚐牛排。其中最常見的情形，就是見牛排一上桌即迅速切成一個個小肉塊，事實上這樣做不僅牛排容易變冷，肉汁也容易流失，讓美味大打折扣。正確的作法，是一邊以左手握住餐叉固定住肉排（可將叉子朝上，以餐叉背部壓住肉），一邊以右手拿餐刀切割，一次只切一口大小，待送入口中咀嚼下肚後再切下一塊，嚴禁切成大大一塊，將嘴巴塞得滿滿的，或是用牙齒咬斷叉子上的肉。

　　至於帶骨肉排，也是同樣以刀叉邊切邊吃，不要直接用手拿來啃（除非餐桌上有準備洗手缽）。在此告訴大家一個小秘訣，只要將刀子從骨頭旁邊切入，就可以使肉不致滑動，容易切斷。

　　食用家禽肉時也應使用刀叉，若是已經切片的肉，如火雞肉或血鴨肉，只要像肉排一樣切成適口小塊即可；若是整隻的烤鴨、鴿肉或鵪鶉肉，則要先分割成四等分。其作法是先把腿與翅膀切開，同時用叉子固定禽身，沿著後背縱向深深地切一刀，再橫向切數刀，使肉與骨架脫離，然後用杓子將內部填充料掏出，腿與胸之間用刀叉切開，區分成四等分。切好的家禽胸肉，要用刀叉切成適口小塊食用，只有腿肉允許用右手拿著吃，但須先用餐巾紙把末端包起，再用手抓住包紙下端食用。

充電站

不要忽略配菜

　　對於西餐大廚來說，即使是主菜牛排、龍蝦等旁邊的配菜，也是不容馬虎的，可惜它們卻常常被客人們忽略，不是輪到最後才食用，就是乾脆被放棄成為剩菜。事實上，食材之間的搭配都是廚師精心設計出來的，那些蘆筍、四季豆、花椰菜、胡蘿蔔、朝鮮薊、馬鈴薯之類的配菜，不只是配色而已，它們往往還具有調和口味的作用，必須與主菜輪流吃，才能品嚐到料理的真正美味；否則一直只吃牛排，肯定會因油脂過多而覺得膩。

　　一般來說，食用配菜只能用正餐叉，即使是必須切成小塊的馬鈴薯，也不能使用餐刀（除非是帶皮馬鈴薯需以刀子去皮）。至於比較細長的蔬菜如蘆筍、四季豆，也不能用刀子切，因為切斷的聲音會讓人的耳朵不舒服，你可以持叉子叉起分幾口食用，或是用手拿著吃。另外要提醒你，吃蘆筍時要從鮮嫩的頭部開始吃，若能先沾抹奶油或調味醬汁，風味會更好。

LESSON6　優雅享用西餐

如何享用義大利麵

很多人對於容易滑落的義大利麵一點也沒轍，其實要巧妙捲起義大利麵有兩個小秘訣，一是從餐盤的側邊開始捲，二是要將叉子前端垂直立在盤底再捲起麵條，這時注意不可捲太大一團，約捲3～4次適口份量即可，如此就可以輕鬆逐次少量地取用了。

至於尖管麵或貝殼麵等短型義大利麵，許多人習慣用餐叉直接叉來吃，這樣看起來不太雅觀，比較正確的方式，是以餐叉的凹處盛放適口份量食用，除非不小心滑落，才可以用叉子叉起來吃。

圖6-8 吃義大利麵的兩種方法

歐式吃法－直接用餐叉捲起麵條吃。

美式吃法－用餐叉抵著餐匙，把麵捲成圓圈後，再用餐叉或餐匙吃。

另外，一看到義大利麵上桌就立刻開始拌醬汁，或是將蝦子、蛤蜊等好料全部去殼吃光，也是錯誤的作法。義大利麵應分次拌入醬汁，約每3～4口拌一次即可；同樣地，也不要一開始就將蝦殼、蛤蜊殼等全部剝除，而應分次剝除搭配麵條食用。

乳酪（起司）的吃法

某些高級餐廳在主菜與甜點之間，侍者會送上一個大托盤，裡面擺滿好幾種乳酪（有時還會有餅乾、水果），此時你可以任意排選，但應以吃得下的範圍為準，不要貪心地每種都拿很多。

當乳酪選好後，侍者會提供專用刀叉，你可用乳酪刀將其切成片狀，再以叉子插取食用；不過，最佳的方式，還是放在麵包或鹹餅乾上一起食用。

如果桌上同時有多種乳酪，建議你先吃口味清淡的，之後再品嚐味道較濃郁的。注意盤子一次只能擺放一種，別將不同種類的堆成一盤，以免味道混淆。

LESSON6 優雅享用西餐

如何品嚐餐後甜點

　　甜點種類很多，吃法也大有不同，以下就根據不同種類的甜點做介紹：

冰淇淋

　　由於容易滑動，故可用甜點叉固定集中，再以小菜匙舀取食用。

蛋糕

　　用甜點叉或小茶匙，切成適口小塊食用。

千層派

　　先用甜點叉從正中央切開，就不用擔心奶油會露出來；如果不小心弄倒塌了，也別太在意，將就食用即可。

精緻小點心

　　烤小西點、餅乾、巧克力等點心，可以直接用手拿著吃。

水果

　　小型水果如李子、葡萄、藍莓等，或是較小的水果切片如柳橙等，可以直接用手拿著吃；但若是哈密瓜等較大的水果切片，直接拿起來啃就很不優雅，最好一手固定，另一手持甜點叉沿著果皮與果肉之間，從右往左切開（但要保留左端不要全切開），再轉個方向，從左側開始一邊切成適口大小一邊食用。另外，食用奇異果或葡萄柚等需以小菜匙挖取果肉的水果，在舀果肉時要小心，別濺到衣服上或他人身上。

如何飲用咖啡、紅茶

很多人都以為喝咖啡或紅茶時，拿杯子的小指要特別翹起來，才是「上流」的喝法，其實這是完全錯誤的觀念。真正的歐洲上流人士飲茶，不但小指不能翹起，所有手指都要併攏，以拇指和彎曲的四指「夾取」杯把；不過，這樣拿杯子有點辛苦，除了尺寸較小的濃縮咖啡杯外，一般只要以大拇指按住杯把上緣，再用食指扣住杯把即可（參見圖6-9）。

除了杯子拿法要注意外，小茶匙的使用方式也不可忽略。放入方糖時，可以小茶匙盛放使其沈入，攪拌完畢後，應將小茶匙的茶柄朝右，放在茶杯托盤上而非桌上。如果咖啡攪拌棒用的是肉桂棒，則使用過後也應放在同樣位置。

圖6-9 拿杯子要注意手指的位置以右手拿起茶杯（或咖啡杯）就嘴飲用。

筷子的使用禁忌

看到這個標題，您或許會說：「中國人誰不會用筷子啊？」沒錯，沒有人不會用，但犯以下禁忌的人卻不少，請注意您是否也有不當使用筷子的問題。

舐筷子或含筷子

不論筷子上有無殘留食物、飯粒或醬汁，都不能舐它；而且，當筷子挾取食物放入嘴中即應離口，不能長時間把它含在嘴裡。否則，在沒有公筷母匙的狀況下（或自己忘記使用），用沾滿口水的筷子挾菜，會讓同席者都感到噁心。

筷子不能亂放

當不使用筷子時，也別拿著它停在半空中，否則別人會以為您想挾菜。最理想的作法，是把它放在筷架上；如果沒有，也不能直接放在餐桌上弄髒桌面，而應直放（除非是吃日式料理否則不可橫放）於自己所使用的碗、盤邊緣，記住絕不能插在碗中，這可是犯忌諱的嚇人作法。

別把筷子當叉子

雖然有些食物如丸類不易挾取，但也不能用筷子去叉，您可以用筷子將丸類撥入湯匙，再放回自己碗內。

不要任意揮舞筷子

很多人吃飯聊天一興起，往往就忍不住「手舞足蹈」，任憑筷子在同席者面前大肆揮舞，結果一不小心就可能戳到人。其實，就算不考慮安全問題，這種舞動筷子的習慣

也是很沒禮貌的，無論是中餐還是西餐，當我們要與人交談時，一定要先放下手中餐具才行。

湯匙的使用禁忌

1. 以湯匙盛裝食物或湯汁時不要過滿，一口量即可，不要反覆啜吸。
2. 食用時，應以湯匙前端入口，別把整根湯匙都塞進嘴裡。
3. 如果湯汁太燙，別對著湯匙吹來吹去，或用湯匙在碗中攪來攪去，最好耐心靜待湯汁變涼。
4. 湯匙暫不使用時，應置於個人小盤上，別放在餐桌上或插入碗中。

碗盤的使用禁忌

LESSON7 中式餐宴宜忌

　　中式宴席每個人都會有一套碗盤，其中小湯碗是用來盛放羹湯或主食（如炒飯、炒麵；若是白飯，則餐廳會另外提供飯碗），6吋小盤則是用來盛放菜餚、殘渣的，請不要混淆兩者用途。

　　使用碗時要避免「以口就碗」，別彎著身子湊近嘴巴吃東西，也別端起碗來就往嘴巴送。無論吃飯或喝湯，均應一手端碗，另一手拿筷子或湯匙取用碗內食物入口。如果碗內剩下食物的量很少，無法以筷子或湯匙取食，就應放棄食用，絕不可端起碗直接倒入口中，更不能伸進舌頭亂舔。

　　盤子和碗不同，連端都不能端，一定要保持在原位，再用筷子挾取食物入口；否則一手端盤子、一手拿筷子，是很不禮貌的行為。另外，盤子應儘量維持清爽，一次不要盛放過多菜餚，尤其是不要將多種菜餚堆放在一起，這樣看起來既亂又不好吃。

　　不宜入口的殘渣、魚刺或小骨頭等，不可直接吐在地上或桌上，而應吐在遮掩嘴部的手中，再置於盤子前端。如果盤子已堆滿了蝦殼等食物殘渣，請直接要求侍者更換乾淨的新盤子；千萬不要大家都一股腦地把殘渣倒在空空如也的大盤中，那可是非常影響食慾的！如果該宴客場所（最常見於辦桌場合）沒有提供更新盤子的服務，則應於侍者收走大盤時，每個人輪流把殘渣倒入大盤中，再請侍者帶走。

取菜的禮儀

一般來說，第一個取菜的人，應為宴席中最年長或身分最高的人；不過，中國人客套成性，往往讓來讓去沒人敢第一個動筷子。遇到這種情況時，不妨先動手為長者挾菜、盛湯，好化解大家取菜的尷尬。

基於長久不良習慣，中國人取菜經常會忘記（或不想）使用公筷母匙，而逕用自己的筷子、湯匙取菜，任憑口水在鍋裡、盤裡翻來攪去，看起來既不衛生又噁心。要避免成為他人眼中的「野蠻人」，請務必記住：取菜時最重要的就是「一定要使用公用餐具」，如公筷母匙或大匙大叉（常用於蒸魚及炒飯上，參見圖7-1）。

由於中式宴席料理很多，因此桌上大多設有旋轉盤，方便大家取菜。不過，使用旋轉盤時也要遵守禮儀，例如速度不能過快，應等到他人挾完菜，再往左

圖7-1 大匙和大叉的使用方法
以大叉撥取菜餚，同時以大匙承接，如同挾起食物一般地取用。

邊旋轉等；放回公筷母匙等餐具時，其握柄不得超出旋轉盤，以免碰倒桌上的杯子或酒瓶等。另外還要注意，桌上旋轉盤只能擺放大盤子、公用餐具及調味料，不能為了取用方便而放酒、果汁汽水和茶，否則會很容易碰倒。

　　如果桌上沒有旋轉盤，實在無法取菜，又沒有人想到兩邊互換菜色，那就只好麻煩他人代勞了。因為，除非向長輩敬酒或欲中途離席，否則用餐中應避免站起來，尤其是站起來取菜。

如何優雅享用中華料理

湯

　　舀湯時不應過滿，最好在原處稍微停頓一下，待湯汁不會溢流，再移向自己碗中，以免弄髒餐桌或衣物。

　　喝湯時應避免身體向前彎曲，也不可兩手端著湯碗直接就口啜吮。理想的喝湯方式，是身體坐直，一手捧碗（若附有湯碗托盤則應捧盤），一手拿著湯匙，以湯匙舀料送入口中（參見圖7-2）。

海鮮

　　處理帶殼海鮮最好是一手按住固定，另一手用筷子將肉剔出。如果難以做到，就只有用手剝殼了，但別直接用手把剝好殼的蝦子送入嘴中，您應該先弄乾淨手指，再用筷子取食。比較大一點的蝦子，則應以筷子切成適口大小再食用。

圖7-2　正確的喝湯方法
用三根指頭托住碗底，拇指靠著碗緣。
把食指放在湯匙凹處，將湯匙伸入碗中，從邊緣開始舀湯。

蒸全魚最好是由餐廳侍者代為分盤，若得自取魚肉，應將大匙放在盤緣靠近身體這側，以大叉子撥取魚肉，如同夾起般取用。待取用完畢，再將大叉匙倒扣回盤內。

禽肉

食用帶骨禽肉像吃炸雞一樣大啃實在不太雅觀，最好是以筷子除掉較大的骨頭，分成適口大小，送入嘴中，一邊吃一邊以舌頭抵出小骨頭，再以手遮口吐在手中，然後將骨頭置於盤子前端。

主食

即使一人一份炒飯，最好還是盛入小碗食用，建議用大匙和大叉橫著舀（與盤子方向平行）較容易。如果炒飯份量變少難以舀取，不妨拿起盤子靠近身體這側，從另一方向以大匙舀取。

至於個人食用的湯麵，也不能吃得稀哩嘩啦不顧形象。一碗湯麵包含麵條、湯、配料，麵條一定要用筷子挾取適口量，用湯匙承接食用；湯一定要以湯匙舀取，不可讓嘴巴湊著湯碗喝（除非吃日式拉麵）；配料則應以筷子挾取，放入湯匙中再食用（參見圖7-3）。

點心

份量比較大或是甜的點心，可以用手取食，例如包子可用手從中間剝開，再撕成適口大小食用。至於較小的點心如港式飲茶常見的蒸餃、燒賣，則應用筷子挾取，下方以湯匙承接食用（小籠湯包因有湯汁，宜先放入湯匙中，輕咬一口讓滾燙的湯汁流出，喝完湯後再送入口中）。

圖7-3 食用湯麵的禮儀
麵條一定要用筷子挾取適口量，以湯匙承接食用。

用餐時，請避免以下不雅的行為：

1. 不知濕毛巾只能擦手，而拿它來擦嘴、擦臉甚至擦汗。
2. 將嘴入口中的液體吐回碗中或水杯中。
3. 剔牙不遮嘴，甚至還用筷子剔牙。
4. 說話口沫橫飛，口水都落入大家的菜裡。
5. 拿了一大堆菜卻不吃，讓碗盤剩菜堆如山。

自助餐的取用原則

雖然自助餐是一種非正式餐宴,但仍須遵循一定的禮儀規範,以下幾點取用原則請特別注意:

原則1:排隊取菜

中國人特愛插隊,渾然不知這是極度沒水準的行為,更糟的是怕自己吃不到喜歡的而亂擠、亂搶,搞得隊伍大亂、他人氣到沒胃口。要避免受人恥笑,一定要遵守「先來後到、排隊取菜」的原則,拿好餐盤後就加入隊伍,待輪到自己,再以公用餐具將食物裝入盤內,然後迅速挑選下一道菜,切忌在眾多食物前猶豫不決,或在取菜時挑挑揀揀,讓
後面的隊伍被卡住無法前進。

原則2:循序取菜

很多人吃自助餐完全是亂吃一通,喜歡什麼就拿什麼,結果各式餐點五味雜陳,肚子不是塞滿一堆肉就是一堆甜點,非常不舒服。事實上,合理的自助餐取菜順序和西餐類似,冷盤、湯、熱菜、點心、甜品和水果,一次只取一種,是基本常識。建議您最好先繞全場一圈,瞭解一下有哪些菜色,再前往取菜。

原則3:少量多次取菜

為避免浪費,取用自助餐點時一次宜取少量,先試試口味,喜歡之後再去拿一些,多取幾次沒關係。千萬不要抱著「吃夠本」的想法,以「秋風掃落葉」姿態,一下子

就把喜愛的食物堆成小山，甚至不管後面的人是否沒得吃，一次就拿光所有最愛的餐點（或食材），否則可能會招來一堆白眼。

原則4：不可外帶

　　很多人吃餐廳自助餐時常喜歡偷偷「打包」，自以為神不知鬼不覺，其實非常丟臉；不過，更「見笑」的是要求餐廳侍者打包，這種情況最常見於商業餐宴上。或許有人覺得反正吃不完，打包帶走有什麼關係；但事實上，自助餐的規定就是只能在現場享用，絕不可把任何餐點帶回家，即使自助餐宴的場所在主人自宅也一樣。

LESSON8 非正式餐宴的用餐禮貌

充電站

吃完的餐具如何處理

　　自助餐講究「自助」，所以除了要自己取菜外，有時候也得自行處理用畢的餐具。通常主人或餐廳會安排一個指定的位置，請客人在用餐完畢之後、離開用餐現場之前，自行將餐具整理送回；這點在庭院、花園之類的戶外場所特別重要，因為如果客人隨手亂丟髒餐具，就會造成環境污染或餐具毀損的問題。

　　相對地，在餐廳享用自助餐，大都有侍者負責收拾，因此只需將餐具留在餐桌上即可；儘管如此，也不表示可以任意把桌面搞得杯盤狼藉，請掌握以下要點，做個懂禮儀的人：

1. 儘量吃完所取用的食物，不要讓盤中剩菜高得像垃圾堆；如果實在吃不完，侍者也不知是否該收走，可於侍者經過時請其拿走，不要堆疊餐盤。

2. 每次取用新的餐點，請務必拿新的盤子。雖然這點多數人都知道，但還是有少數人基於省事而重複使用餐盤，這看在其他排隊者眼裡，可是一種很髒的作法。

3. 當用餐完畢，應將桌面略做整理，以餐巾擦淨桌面，殘渣放入盤中，刀叉等餐具則置於餐盤三點或五點鐘方向（參見P.088），讓侍者知道可以收拾餐桌。

招待酒會參加須知

在招待酒會上，取用餐點的原則大抵與自助餐會相同，不但需遵守排隊取菜的規定，更不能一次取用太多餐點、飲料，因為酒會座位很少，大部分人都是站著飲酒、吃東西（女士和高齡者可坐著，其他男性一律都要站著），盤中餐點太多不但不好拿，和他人交談也很不便，更重要的是「有礙觀瞻」，非常失禮！

因此，想合乎禮節，就要記住一次只能取用一盤餐點、一杯雞尾酒，而且一律以左手拿著杯盤（參見圖8-1）：如果您要幫朋友拿取，也要分次拿，不要一次端個兩盤餐點或好幾杯酒，把自己搞得像個服務生一樣。許多女性常喜歡一次拿幾盤不同種類的餐點，歡歡喜喜地與朋友互換分享，其實這是很沒常識的作法；如果您想多吃不同種類餐點，請分幾次拿（每次取用新的餐點時可換新盤子），千萬別吃他人盤裡的東西。

當您拿取餐點、飲料後，請立刻離開桌子，千萬別站在桌旁直接吃喝起來，以免妨礙其他人取用。一般來說，大約距離桌子2～3公尺最為恰當，待取用的食物吃完或飲料喝完，再去拿下一盤或下一杯。

在此要特別提醒女性朋友，參加酒會帶的皮包，應以肩包或可掛在手臂上的小提包為宜，避免容易遺失的手拿包。而且，不可以隨意把皮包擱在椅子上占位，再自己跑去拿餐點、飲料。一來酒會普遍座位不多，占位子是很自私又不禮貌的行為；二來酒

會出入份子較雜，若無人留意，皮包很可能會被「摸」走。通常男女結伴同行時，女性可請男性代為取用餐飲（相反地，男性不可要求女性服務）；若是獨行，宜離開座位自行取用，絕不可請陌生男士代取，以免有人心懷不軌、下藥陷害。

另外值得注意的是，有些人往往抱著「大吃大喝一頓」的心態參加酒會，所以從頭到尾都挨著桌子拼命吃，這看在他人眼裡是很可笑的行為。參加酒會最重要的目的是社交，多認識朋友遠比多吃東西重要得多，尤其是在商業酒會，不但要和熟悉的朋友交談，更要主動認識陌生人，積極進行交際活動。倘若只顧著吃喝，您或許就錯過未來一場成功的交易，或一份新的工作機會了。更糟的是，若因雞尾酒好喝而喝多發起「酒瘋」來，個人形象更是銷毀殆盡，絕不可輕忽，特別是女性朋友還有安全顧慮，飲酒一定要有所限制。

圖8-1　雞尾酒杯與餐盤的拿法

1. 只拿雞尾酒杯時，輕輕握住杯腳部分即可。

2. 如果同時拿著雞尾酒杯與裝點心的餐盤，可將酒杯放在盤中，用拇指及食指固定住杯腳，再以其餘三指托住餐盤下方。

3. 如果同時拿著雞尾酒杯與餐盤、餐叉，可將餐叉放在盤中用拇指扣住，食指及中指托住餐盤下方，剩下兩指固定住手中的酒杯杯腳；如果擔心這樣拿會不穩，也可以左手持餐盤（以拇指扣住餐叉），右手持酒杯。

4. 站立時，請保持輕鬆優雅的姿態，盡量將背部挺直、稍微縮小腹，但不要把胸部挺得太高。女性可將腳後跟併攏呈V字型，且右腳的腳後跟最好放在左腳的腳心之處，將身體重心擺在前面。

LESSON8 非正式餐宴的用餐禮貌

如何打入陌生交際圈

在酒會上，交際的主要形式，通常是幾個認識的人聚在一起交談，如果拐頭拐腦地硬闖進一個陌生交際圈內，未必會受歡迎。此時，找主人幫忙引見是最好的方法；但如果主人忙得不見蹤影，你就得自行尋找機會，主動微笑寒喧，若對方有所回應，你即可以漸進方式融入圈內。

一開始打入交際圈時，記住儘量「多聽少說」，除非別人詢問你的意見。而且，就算要表達自己的想法，也應避免滔滔不絕，更不可做驚人之語，你應該由剛才的傾聽揣摩圈內人可能持有的立場，來說適宜的場面話。

為了擴大交際面，在酒會上不妨多換幾個交際圈談話；但要注意每個圈子不能待太短，就算話不投機，也不能只待一兩分鐘就立刻「閃」人，因為這讓人覺得你社交能力差又沒誠意。如果真的時間有限，可在打招呼後寒喧一下，再向對方致歉說自己有事得先離開，通常大家都能接受。

總之，有禮貌、有誠意，是打入社交圈的不二法則，只要能掌握這兩點，你一定可以認識很多新朋友，成為受歡迎的人。

下午茶會的標準程序

圖8-2　典型英式下午茶的吃法

　　即使下午茶是比較隨性的宴會形式，也不能吃得蛋糕餅乾屑掉滿桌；若是前往高級餐廳或參加歐美人士舉辦的英式午茶宴，過程更不可掉以輕心，否則很可能會貽笑大方。

　　下午茶起源於英國王室，規矩當然不少，加上桌面東西很多，常令人不知從何著手。依照中國人的用餐模式，大多是先吃喜愛的茶點，等口渴了再喝茶，這看在英國人眼裡可是完全錯誤的作法。正統的下午茶，一定是先拿起茶杯，聞一聞茶香，再慢慢品茶，讓茶香在口中繚繞，約五分鐘後，再由下往上拿取點心

架的茶點食用。拿取時，注意要用手指別用刀叉，以免誤傷他人。

　　由於英式鬆餅要趁熱吃，所以要最先拿，趁熱橫切兩半（但不能切到底），抹上奶油、果醬再食用。接下來，品嚐鹹味的三明治、點心（如鹹餅乾），再喝幾口紅茶調整味蕾。之後，才拿取水果塔或蛋糕等甜點，若有甜又濃的巧克力，則應留到最後才享用。

　　典型英式下午茶喝的是奶茶，但要注意應先將牛奶倒入杯中再沖茶，因為這樣才能讓兩者徹底溶合，避免乳脂肪在茶水表面凝結。如果是喝檸檬茶，則檸檬片浸泡在茶湯中一會兒就要取出，別讓它一直留在茶杯裡，否則時間一久檸檬油和單寧酸起變化，茶湯反而會變苦。最後要再次提醒大家，小茶匙攪拌完畢後，必須放在茶杯托盤上而非桌上，且應與杯子呈四十五度角，才是得體的作法。

圖8-3　小茶匙的正確擺放法

PART 3

主客禮儀

掌握招待的基本禮儀

一個完美的餐宴，不是從客人抵達那一刻才開始，也不是提供美食就算數，只有餐宴上下前後所有細節全都掌握到，才是成功的主人。

在餐宴當天早上，您應該先打電話給餐廳再次確認訂席，以免因工作人員失誤而出糗；如果您是請外燴業者來家裡，也要提前打電話嚴正告知對方務必依約訂時間抵達，否則很可能會發生客人都到了餐點卻仍未準備好的「慘況」。另外，若有安排專人佈置場地，也應及早和對方確認各項準備是否完成。

商定餐飲及場地相關事宜後，不妨再打電話給您的客人，確認他們抵達的時間。當然，您也可以詢問對方交通

一個完美的餐宴，必需餐宴上下前後所有細節全都掌握到，才是成功的主人。

138

有無問題，必要時，您可能需給予詳盡的路線、交通工具指引，或是安排貼心的交通接送。

作為主人，一定要提前抵達宴客現場，絕對不能遲到，否則，讓準時到場的客人在門口走廊空等，或是不知所措地坐在餐桌旁受服務生白眼，都是主人的失職。如果您因事無法準時到場，請務必安排替代的接待人選（在餐廳宴客可請經理代為招呼），讓客人先用餐。

保持聯絡管道暢通

在宴客當天人多事雜，聯絡頻繁，且常會有意外狀況發生，因此，請務必確保大家的手機聯絡暢通，尤其是主辦餐宴的主人，最好能多帶一顆備用電池，以免手機講到沒電。

另外，在外舉辦大型宴會（尤其是喜宴）時，住家最好能安排人留守，一來客人有事（例如找不到路）可找人幫忙，二來可防宵小上門。

熱情招呼客人

LESSON9 做個稱職的餐宴主人

　　當客人來到家門前，主人無論多忙也得親自開門接待；如果宴客地點是在飯店或餐廳，主人也應站在入口處歡迎嘉賓，只有當所有客人都抵達，才能走向餐桌就座。

　　在打招呼時，應秉持「女士優先」的原則，先向女客打招呼，再與男賓寒暄。至於歡迎時表現的熱切程度，則取決於主客之間的關係，拱手、握手或擁抱均可；但要注意西方人常用的親吻禮，在東方社會仍有許多人排拒，除非是極為熟悉的親友，否則不建議採用（關於各種正確的致意禮儀，請參見《社交禮儀真簡單》一書）。

　　一般來說，握手禮是最常被使用也最能表達熱誠的致意方式。如果來客還帶了禮物，您可以用右手握手，左手接下禮物。倘若預期送禮賓客會很多，可能就要在入口處多安排幾位招待，幫忙收禮或帶位，以免自己一人手忙腳亂。

　　在招呼完客人後，別忘了替他們安置皮包與外套。這點在餐廳不成問題，不是服務生會代為處理，就是客人可自行處理；但若是家庭式宴會，當客人脫下外套後（若是女客，則主人應協助脫掉外套），主人就應主動幫忙把衣服掛在衣帽架上。如果家中玄關或客廳沒有設衣帽架，則應事先安排一個房間，來放置客人的皮包與外套；但要注意這個房間只能讓主人與家人進出，不宜讓客人自行取物。

誠摯表達謝意

大方收禮表示謝意

在收受禮物時，中國人習慣會說：「唉～帶什麼禮物啊！這麼破費幹嘛？」等等之類的客套話，雖然大家都知道這是場面話，但送禮的人仍會感到不安，擔心禮物送得太薄，或是主人不喜歡。

因此，真正的社交高手，不會說這類空洞乏味的話，而是熱切表現出對禮物的欣賞及滿意，例如「你真瞭解我，這個東西我正想買呢」或「太可愛了，這個娃娃我們家妹妹一定喜歡」之類的正面言詞，讓送禮的人為自己所選擇的禮物感到高興。

掌握祝酒詞的技巧

「祝酒詞」給予主人一個向赴約客人表達感謝的機會，並可再次說明此次宴會的動機。建議您最好事先準備祝酒詞，如果擔心記不住，做些「小抄」也無妨。理想的祝酒詞，是簡短、風趣又真誠，如果因為緊張而說不出話或忘詞，讓眾多賓客等得傻眼，主人反倒很丟臉。

在西式宴席上，通常男主人會在上第一道菜之前，即喝開胃酒時向客人祝酒；在中式宴席中，男主人大多在上冷盤之前即先祝酒，若是喜宴之類的大型宴會，則主人一家會在餐宴進行中逐桌敬酒，來向客人表達感謝。

打造賓主盡歡時光

打造賓主盡歡時光
在宴會過程中，主人最重要的工作，
就是營造熱絡氣氛、打造歡樂時光。

　　在宴會過程中，主人最重要的工作，就是營造熱絡氣氛、打
造歡樂時光，因此，即使再忙、再累，也要表示出興致勃勃的樣
子，活躍穿梭於賓客之間，照料每一位賓客，尤其是不可忽視的

主賓。如果客人之間彼此不認識，主人就必須充當「引見者」做介紹，除非客人帶來連主人都不認識的人：但話說回來，帶未被邀請的人赴宴非常沒禮貌，會如此「白目」的客人恐怕不多。

很多人會因不善交際，而在社交場合感到畏懼退縮，這時主人就必須製造話題，來消除客人的緊張感。一般來說，西方人寒暄問候多從天氣開始，東方人則大多從家庭問起，雖然家庭話題有時會觸及一些個人隱私，但只要多說好話，避免批評、比較或給強迫性建議，大多數人均可接受。

除此之外，針對客人的興趣與嗜好帶出話題，也是一個好方法。若有人對美食、時尚、旅遊、藝術、運動或健康等有所涉獵，主人可以帶頭請他們談談，分享彼此經驗；不過，要注意其他客人的反應，也別讓一個話題持續過久，假如整場餐宴都在談棒球，對棒球沒興趣的人一定覺得無聊透了。

最後提醒您，除非確認每位賓客立場相近，否則最好避開政治、宗教、性、金錢等爭議性話題，以免製造出針鋒相對的混亂局面。如果有人主動挑起這些議題，主人最好含混帶過，即使立場與賓客相左，也絕不能以言語反擊，否則主客雙方因此吵起架來，那場面可是極為難看的。

絕不能在賓客面前吵架

舉辦宴會瑣事很多，自然常會心煩或脾氣不好，進而與工作人員或家人、伴侶產生爭執。這時候，如果在餐桌上或會場表示不高興的樣子，甚至生氣、大發雷霆，都會讓客人們感到難堪，尤其是在餐廳用餐時，連鄰座者都會感到不舒服。因此，如果真有不滿，請務必到餐宴會場外低聲溝通，要不然就是等客人離開後再說。

LESSON9 做個稱職的餐宴主人

掌控餐宴的進行

控制餐點與飲料的份量

　　準備餐點、飲料時請記住一點：「寧可多、不可少」。畢竟，讓客人吃不飽，主人可是很丟臉的。聰明的主人，會在餐宴時留意客人的進食狀況，來考量是否要追加餐點。

　　在本書LESSON4中，曾為大家介紹各式餐宴所需食物與飲料，請依預算來挑選，且每種都要多準備一些，以因應大食量或意外的訪客。尤其是自助餐宴、酒會這類需自取飲食的場合，一定要請服務人員注意補充，別讓大餐盤或咖啡壺出現空空如也的狀況；如果預算不足，寧可讓餐飲的種類少一點，也不能減少份量。倘若您擔心多準備的餐飲最後沒人食用而浪費，不妨考慮採用包裝產品，以延長保存期限。

控制餐宴的時間長度

　　主人必須對用餐時間的長度作必要控制，以避免匆匆忙忙或拖拖拉拉的情況發生。一般來說，正式餐宴的長度多為兩個鐘頭左右，非正式餐宴一個鐘頭就夠了，因此，若餐廳上菜的速度過快或過慢，主人就必須請侍者調整。當然，有時候問題出在少數客人身上，像是有人話說得滔滔不絕忘了吃飯，或是吃得特別慢，耽誤了大家時間，遇此情形時，主人就必須有技巧地暗示對方，甚或禮貌地低聲提醒，因為時間限制，希望他別介意您要繼續上下一道菜。

何時、如何送客

通常，當用完甜點與咖啡、茶等飲料後，餐宴就差不多該結束了。除非大家還一邊享用白蘭地或威士忌等餐後酒，一邊聊得非常盡興，否則主客雙方都不該耽誤他人太多時間。

在餐宴結束時，主人應起身「發出訊號」給客人，如「今天非常謝謝大家，希望大家都吃得開心」等感謝詞，這樣客人就知道自己該離開了。若是自助餐會或酒會，主人可以祝酒形式，再次感謝賓客，並祝福大家能平安到家，來暗示餐宴結束了。

如果在餐廳，那麼一句「買單」或「結帳」，是表示餐會結束的最簡單方法。當主人付完帳（注意帳單不可讓客人看到），起身對大家說：「和你們在一起很愉快」之類的話同時，即可以手勢帶領客人離開；倘若眾人的外套寄放在櫃臺或衣帽間，則主人應為每位客人的大衣給小費。

送客時請記住，無論是在家門外還是餐廳門外，都不該拖拖拉拉。您只要身體挺直，誠懇地注視對方的眼睛，微笑地說些感謝之類的好話即可，必要時再給對方一個擁抱就好了，千萬別再囉哩叭唆提及其他瑣事，更別讓一堆人站在門口聊得沒完沒了，這可會讓餐廳或其他想離開客人感到困擾的。

主人有要事需提早離席怎麼辦？

　　基本上，宴客時間越充分越好，同時段主人儘量不要安排其他事；但若實在有要事衝突，不妨在祝酒時順帶告訴賓客，自己待會兒有事，可能需要提前離席，並為此表達歉意。這樣做有兩個好處，一是不會因時間壓力而破壞自己的注意力，避免緊張頻頻看錶；二是客人可能會配合吃得較快，幫助餐宴早點結束。

　　如果是在餐廳用餐，至少要等主菜吃完再走。在離席前，應先結清帳單，再對賓客說聲：「抱歉我有事得先走，請大家留下來繼續慢用。」當然，如果能安排其他在場親友接替招待工作，那就更理想了。

何時、如何送客

在餐宴結束時，主人應起身「發出訊號」給客人，如「今天非常謝謝大家，希望大家都吃得開心」等感謝詞，或主人可以祝酒形式，再次感謝賓客，並祝福大家能平安到家，來暗示餐宴結束了。

注意被邀請時的處理態度

無論是接到書面或電話邀約，無論是否前往，都一定要找個適合時機回覆，表達感謝邀請之意。

接受邀請不做回覆或遲遲不答覆的人，是非常沒有禮貌的；如果接到邀請電話時，無法立即確認是否要前往，可以目前說話不便為由，稍後再回覆對方，但時間不能拖得太長。

對多數主人來說，最討厭的客人有以下三種：一是接受邀請時滿口答應，當天卻突然說有事無法前往的人；二是三心兩意，到當天才決定去不去的人；三是不但自己來

還帶了其他主人不認識的人赴宴（例如只出一份紅包，卻帶全家大小吃喜宴回本），這些人都會為主人帶來莫大麻煩，不是眼睜睜看著花錢準備好的餐食被浪費，就是面臨不速之客，得手忙腳亂張羅多出來的餐食。

因此，無論是接到書面或電話邀約，無論是否前往，都一定要找個合適時間或時機回覆人家，表達感謝邀請之意。若欲前往，可在答謝後稍微再確認一下日期，或詢問主人是可否攜伴參加；如果不想或有事不克前往，也應誠摯地表達歉意。此外，像婚宴這類需包禮金的場合，不出席的人也應委託出席者代為致送禮金，不可因對「紅色炸彈」不爽而失去禮數。

LESSON10 做個受歡迎的餐宴客人

準備送給主人的禮物

送禮的藝術
與其送昂貴的禮物，不如送對方喜愛或需要的禮物。

　　中國人講究「禮尚往來」，因此往往把餽贈禮物的價值看得很重。其實，贈送禮物給主人，除了表示友好及感謝之外，並沒有其他任何意思，將禮物理解為對主人邀請的等價物，完全是錯誤觀念。

　　所謂「送禮送進心坎裡」，與其送昂貴的禮物，不如送對方喜愛或需要的禮物。例如喜愛園藝的朋友，一棵漂亮的蘭花或水仙等球莖盆栽，絕對能讓他喜出望外；要不然，您也可以針對其家庭成員送禮，例如贈送雞精、燕窩等健康食品給老人家，或是送一盒玩具討好小主人，均能達到賓主盡歡的效果。

如果實在想不起來送什麼，一瓶酒、一束花，一盒精緻巧克力、美味糕餅西點，就是最簡單的禮物——雖然它們沒什麼新意，但至少不會出錯（關於各種送禮禮儀，請見《社交禮儀真簡單》一書）。

　　倘若您沒什麼時間準備禮物，或是不便攜帶禮物赴約（例如搭乘大眾交通工具），可委請花店代為準備小型桌花（附盆器的插花作品），並且早一點送達，如此主人就不必再費心準備餐桌花了。另外要提醒您，無論送什麼禮，有無委人代送，都一定要隨禮物附上寫有自己姓名、祝福感謝話語的卡片，因為送禮的人可能很多，有卡片的話，宴會結束後主人就能搞清楚哪個禮物是誰送的。

合宜的服裝儀容

很多人赴宴前都會為了「穿什麼」而苦惱，其實，只要掌握以下三要點，就能做出得體的打扮。

場合

這是一個正式還是非正式的場合？宴會目的是什麼？如果是正式晚宴，全套西裝自然免不了（關於上班族的正式穿著，請參見《商務應對真簡單》）；但如果是朋友的生日派對，穿牛仔褲也沒關係。

場所

這場餐宴在哪裡舉辦？宴會主人的家？大飯店餐廳、高級西餐廳？還是休閒味濃厚的咖啡館、啤酒屋？如果是到高級餐廳，穿T恤、短褲、牛仔褲或球鞋，可能是進不了門的（就算進得了門也會引來其他客人側目）；但如果是參加家庭式宴會或休閒場所聚會，穿著太正式也很奇怪。

對象

在有老人家的家庭聚會，穿著「太清涼」、「太有個性」往往不被允許，但在年輕人聚會中倒無妨。同樣道理，和上司、客戶吃飯穿著最好正式些，和同事、下屬或朋友吃飯則可穿著輕便些。

至於儀容，整潔乾淨是基本原則，畢竟沒有人喜歡旁邊坐著一個身上飄出臭味、頭髮沾滿頭皮屑或滿嘴口臭的人。因此，在赴宴前請務必洗頭洗澡、刷牙洗臉，女性著

衣後應畫個淡妝（濃妝和素顏都一樣嚇人），男性則要剃鬍，才不會看起來太邋遢。此外，老煙槍最好先暫時忍耐一下，別帶著滿身煙味赴宴；有使用香水習慣的人也別噴得太濃，否則可能會「薰昏」他人。

只要掌握要點，就能做出得體的打扮。

LESSON10 做個受歡迎的餐宴客人

準時到場

中國人大多對「準時」沒什麼概念，如婚宴遲個一小時舉行是常有之事，這對餓肚子準時出席者實在很不公平。相對地，做事一板一眼的西方人，則認為既然答應了主人邀請，就一定要準時赴約；主人也認為準時開席，是對客人的基本禮貌。

其實，「準時」不只是禮儀的表現，也是予人信賴與否的基準。習慣遲到的人，不是較為自私自利，就是做事大多沒什麼責任感。如果您不想成為他人眼中「這樣的傢伙」，就不要遲到！

可是，如果真的遇到事情耽擱，該怎麼辦呢？若您判斷可能會延遲到場，一定要在約定時間前先打電話通知主人（不可用簡訊或語音留言），以免全體賓客不知所措地癡癡等您一人。當您遲到進場後，也應抱持最大的誠意向衆人致歉，不可裝作沒這回事似的偷偷就坐，否則會招來他人厭惡。

「準時」不只是禮儀的表現，也是予人信賴與否的基準。

現在很多人常把遲到歸咎於交通因素，對於無法預測的交通阻塞，一定要事先預留足夠的彈性時間，寧可到的早一點也不要遲到。不過，若離約定時間還有半小時以上，也別太早打擾人家（因為主人可能尚未準備好），您可以在附近的商店、公園等地方晃一晃，等到時間快到了再前往。

主人遲到時客人該怎麼辦？

通常極少有主人會「白目」地遲到，不過，有些人就是沒有時間觀念，突發狀況也不是沒有，遇到這種情形時，身為客人該怎麼辦呢？

1. 如果你是首位抵達餐廳的客人，可先詢問餐廳人員預留訂位在何處，然後坐在那裡等。但在等待時請注意，千萬別先點飲料喝起來，更不可失禮地先點用自己喜歡的餐點。因為，在主人和所有客人走到場前，桌上的餐具均應保持整潔乾淨，以便座位變換安排。

2. 一般來說，合理的等待時間是10～20分鐘（室內可以等待的時間較長），若對方遲遲不到，就應打電話詢問。如果完全聯絡不到對方，最多等40分鐘即可走人，因為這是對方無禮在先。

3. 不幸被放鴿子的人，在離開座位前，應給服務生小費並致歉，因為你佔用了位子不少時間。不過，建議你還是乾脆點個餐或飲料，畢竟多載餐廳並非如此大方。

認真交談與傾聽讚美

在社交界，最不受歡迎的客人有兩種，一是愛批評的人，二是冷漠的人。前者有如刺蝟，誰靠近都會被扎一下，很痛；後者則如企鵝，和他談話彷彿身處冰宮，超冷！

愛批評的人往往有個劣根性，那就是「寬以待己、嚴以律人」。哪怕自己的廚藝有多爛、家裡有多亂，到別人家作客還是會大剌剌批評女主人的菜難吃、房子髒；要不然就是自己一副豬樣還嫌別人胖、穿衣沒品。那種尖酸刻薄的嘴臉，讓所有人都倒盡胃口，更讓主人覺得自己是笨蛋，才會邀請到這種「奧客」。

相對地，冷漠的人比較不傷人，但也不會讓其他人好受。基本來說冷漠有兩種，一種是自恃甚高，另一種是性格內向。自恃甚高者瞧不起他人，覺得和人交談是浪費自己寶貴時間，卻不知既然來到餐宴就得花時間，何不放下身段賓主盡歡？搞那種眼高於頂的大頭症，讓大家都討厭，對自己有好處嗎？至於性格內向者，或因害羞或因防衛心重或因不擅言詞，才會予人冷漠感；但只要交情夠，大家都很容易接受，而且這種人「有救」，一旦能拋棄防衛姿態、放鬆心情，微笑地做個傾聽者，很快就可以從企鵝轉變成人人喜愛的貓熊。

其實，要做個受歡迎的客人並不難，就算沒有幽默風趣的談吐也無所謂，只要您能時時保持微笑、認真傾聽的

態度，把別人的談話當一回事，並適度給予主人與其他客人幾句真誠的讚美，受歡迎的指數絕對會很高（有關社交談話的技巧，請參見《社交禮儀真簡單》一書）。

充電站

到他人家作客別犯以下行動大忌！

任意窺探主人家房間隱私

　　有些人到別人家作客喜歡到處「趴趴走」，好像非得每個房間都走走逛逛才滿足，更糟糕的是還任意打開房間櫥櫃，看看裡面放什麼，這種不尊重他人隱私的行為，是非常令人唾棄的。

　　基本上，除非主人主動帶客人參觀，否則客人是不能隨意進入房間的。如果主人家很漂亮，你實在很想參觀，請務必先徵詢對方同意。

進進出出主人的廚房

　　每個人都對其他人的廚房充滿好奇，但很少有人願意和其他人分享廚房，尤其是餐宴進行時廚房往往亂得像戰場，多一個人動刀都會大亂。因此，除非獲得女主人邀請進入參觀或幫忙，否則請勿踏進此禁地。

任意逗弄餵食主人的寵物

　　如果主人有飼養寵物，記住別任意逗弄餵食，畢竟多數貓狗都不喜歡被陌生人亂摸，而且人吃的食物含鹽量高，會對寵物身體造成傷害。也許主人基於禮貌，不好意思打斷你或孩子們的玩性，但若因此讓寵物的身體出問題，主人可會非常難過的。

LESSON10 做個受歡迎的餐宴客人

何時、如何告別主人

　　沒有任何主人受得了賴著不走的客人，但若客人都早早回家也很掃興。離開的時機是門學問，不能過早也不宜太晚，只有聰明的客人知道何時該打道回府。

　　首先，無論何種情況，都不能在宴席尚未結束之前離開，否則就是侮辱了主人及其他賓客，讓熱烈的氣氛瞬間冷卻。如果非不得已，也要等主菜吃完再離開，並對主人及其他賓客致上深深歉意（若是自助餐會或酒會，只要到場致意後多待片刻寒暄一下，再向主人致歉即可離去）。

　　其次，就算宴席結束，餐桌已經收拾乾淨，也並不意味現在所有客人可以馬上離開。因為有時候，活動還會轉換到其他地方繼續進行，例如從餐館轉到酒吧續攤，或是從主人家的餐廳轉到聊天比較舒適的客廳（此時切記不可將餐桌上的任何東西如飲料、蛋糕帶離）。此時，如果您有事必須離開，應儘量悄悄地同主人打聲招呼告別，並為提前離去請求諒解，以免引起不快。

　　如果時間已經不早，在座者都沒有離席的打算（其原因往往都是不好意思第一個離席），您可以作勢看一下錶或向鄰座問一下時間，再輕聲向主人致歉：「沒想到時間這麼晚了，對不起，我可以先離開嗎？」通常主人大多會欣然同意，如果對方基於客氣拼命留客，您也應以時間為由堅持離開，並向主人道謝，說自己今晚很愉快、料理很令人滿足之類的話，讓對方覺得自己已善盡主人之誼。

當然，在您離開之前，還應向周圍的人告別，必要時大家還可以來個擁抱。次日，若您能致電主人表示感謝對方熱心款待，或是寄上一張表示感謝的小卡片，絕對會讓主人很高興，並認為您是一位細心的好賓客。

圖書館出版品預行編目資料

周到!餐宴策畫真簡單 / 陳冠穎著.
二版. -- 臺北市 ：書泉, 2007.12
; 公分
N 978-986-121-373-6(平裝)
宴會 2. 餐飲禮儀

.59 96022504

3A50 即學即用系列 02

好周到!餐宴策畫真簡單

作　　者 —	陳冠穎　(256.5)
發 行 人 —	楊榮川
總 編 輯 —	龐君豪
主　　編 —	劉靜芬 林振煌
責任編輯 —	李奇蓁
封面·插畫 —	P.Design視覺企劃
出 版 者 —	書泉出版社
地　　址：	106台北市大安區和平東路二段339號4樓
電　　話：	(02)2705-5066　傳　真：(02)2706-6100
網　　址：	http://www.wunan.com.tw
劃撥帳號：	013038953
戶　　名：	書泉出版社
總 經 銷 —	聯寶國際文化事業有限公司
電　　話：	(02)2695-4083
地　　址：	台北縣汐止市康寧街169巷27號8F
法律顧問	得力商務律師事務所 張澤平律師
出版日期	2006年11月初版一刷
	2007年12月二版一刷
定　　價	新臺幣280元